Billar tres bandas: Modèles de table intéressants et inhabituels

De tournois de championnat professionnel

Testez-vous contre les joueurs professionnels

Allan P. Sand
PBIA Instructeur de billard certifié

ISBN 978-1-62505-289-6
PRINT 7x10

ISBN 978-1-62505-443-2
PRINT 8.5x11

First edition

Published by Billiard Gods Productions.
Santa Clara, CA 95051
U.S.A.

For the latest information about books and videos, go to: http://www.billiardgods.com

Acknowledgements
Wei Chao created the software that was used to create these graphics.

Contenu du livre

Other books by the author …

3 Cushion Billiards Championship Shots (a series)

Carom Billiards: Some Riddles & Puzzles

Carom Billiards: MORE Riddles & Puzzles

Why Pool Hustlers Win

Table Map Library

Safety Toolbox

Cue Ball Control Cheat Sheets

Advanced Cue Ball Control Self-Testing Program

Drills & Exercises for Pool & Pocket Billiards

The Art of War versus The Art of Pool

The Psychology of Losing – Tricks, Traps & Sharks

The Art of Team Coaching

The Art of Personal Competition

The Art of Politics & Campaigning

The Art of Marketing & Promotion

Kitchen God's Guide for Single Guys

Introduction

Ceci est l'une des séries de livres de billar tres bandas qui montrent comment les joueurs professionnels prennent des décisions, en fonction de la disposition des tables. Toutes ces mises en page proviennent de compétitions internationales.

Ces dispositions vous placent dans la tête du joueur, en commençant par les positions des boules (indiquées dans le premier tableau). La deuxième disposition du tableau montre ce que le joueur a décidé de faire.

À propos des dispositions de table

Ce sont les trois balles sur la table:

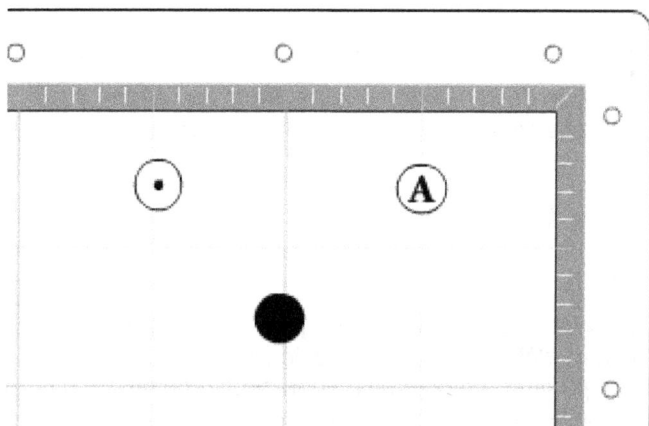

Ⓐ (CB) (votre balle)

⊙ (OB) (balle de l'adversaire)

● (OB) Balle rouge

Chaque configuration a deux dispositions de table. Le premier tableau est la position de la balle. La deuxième table est la façon dont les balles se déplacent sur la table.

Instructions de configuration de la table

Utilisez des anneaux de reliure en papier pour marquer les positions de la balle (achetez dans n'importe quel magasin de fournitures de bureau).

Placez une pièce de monnaie sur chaque coussin de table que le (CB) touchera.

Comparez votre chemin (CB) avec la configuration de la deuxième table. Pour apprendre, vous pouvez avoir besoin de plusieurs tentatives. Après chaque échec, effectuez les réglages et réessayez jusqu'à ce que vous réussissiez.

But de la disposition des tables

Ces mises en page sont fournies à deux fins.

- Votre analyse - À la maison, vous pouvez réfléchir à la manière de jouer la configuration sur la première table. Comparez vos idées au modèle actuel de la deuxième table. Pensez à votre solution et envisagez des options. À partir du deuxième tableau, vous pouvez également analyser comment suivre le modèle. Jouez mentalement le coup et décidez comment vous pouvez réussir.

- Entraînez-vous à la configuration de la table - Placez les balles en place, conformément à la configuration du premier tableau. Essayez de tirer de la même manière que le motif de la deuxième table. Vous devrez peut-être faire plusieurs tentatives avant de trouver la bonne façon de jouer. C'est ainsi que vous pouvez apprendre et jouer ces coups lors des compétitions et des tournois.

La combinaison de l'analyse mentale et de la pratique pratique fera de vous un joueur plus intelligent.

A: Bandas en premier

Ce sont des configurations intéressantes. Le (CB) entre d'abord dans un bandas et complète ensuite le score avec des circonstances inhabituelles.

(A) (CB) (votre balle) - ⊙ (OB) (balle de l'adversaire) – ● (OB) Balle rouge

A: Groupe 1

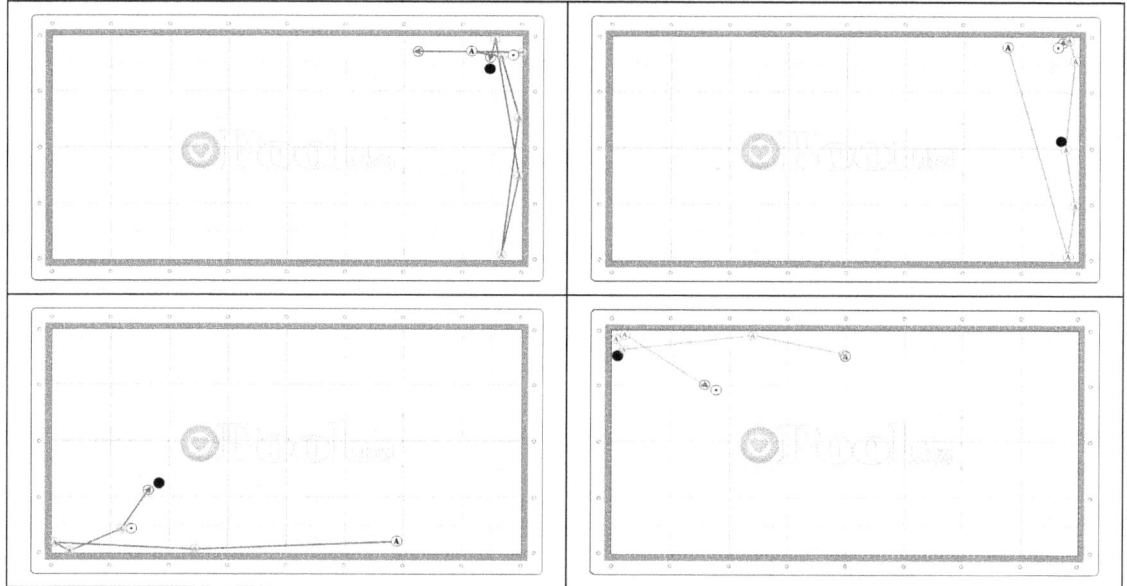

Une analyse:

A:1a. _____

A:1b. _____

A:1c. _____

A:1d. _____

A:1a – Installer

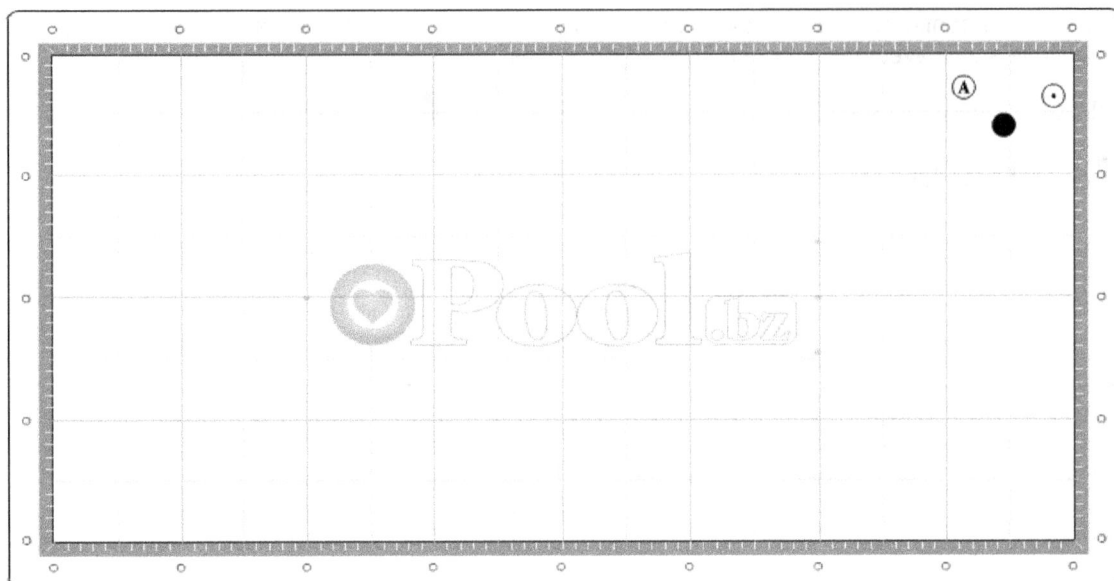

Notes et idées:

Modèle de balle

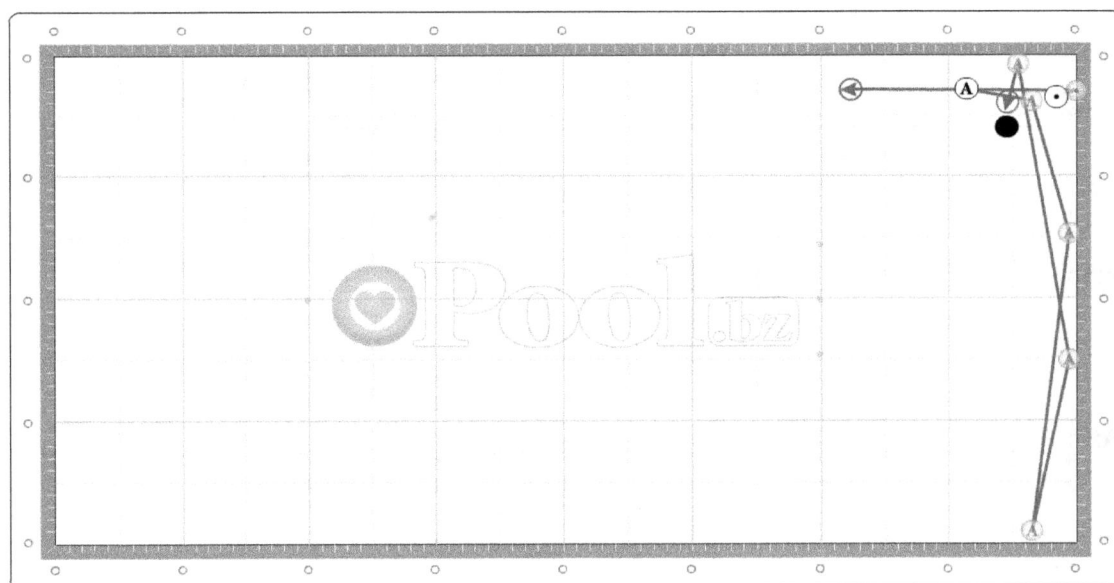

A:1b – Installer

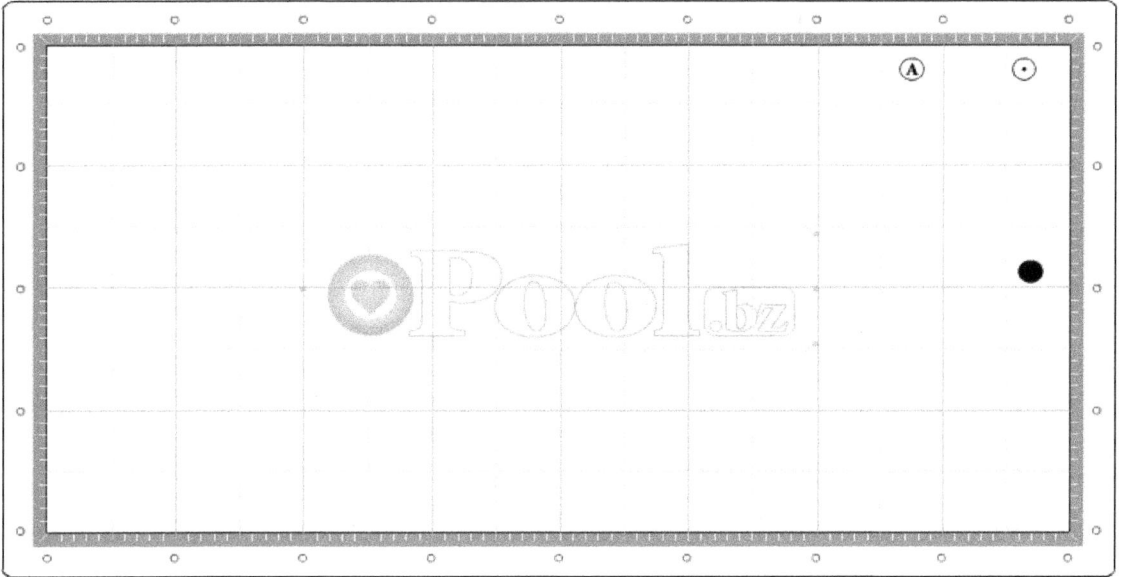

Notes et idées:

Modèle de balle

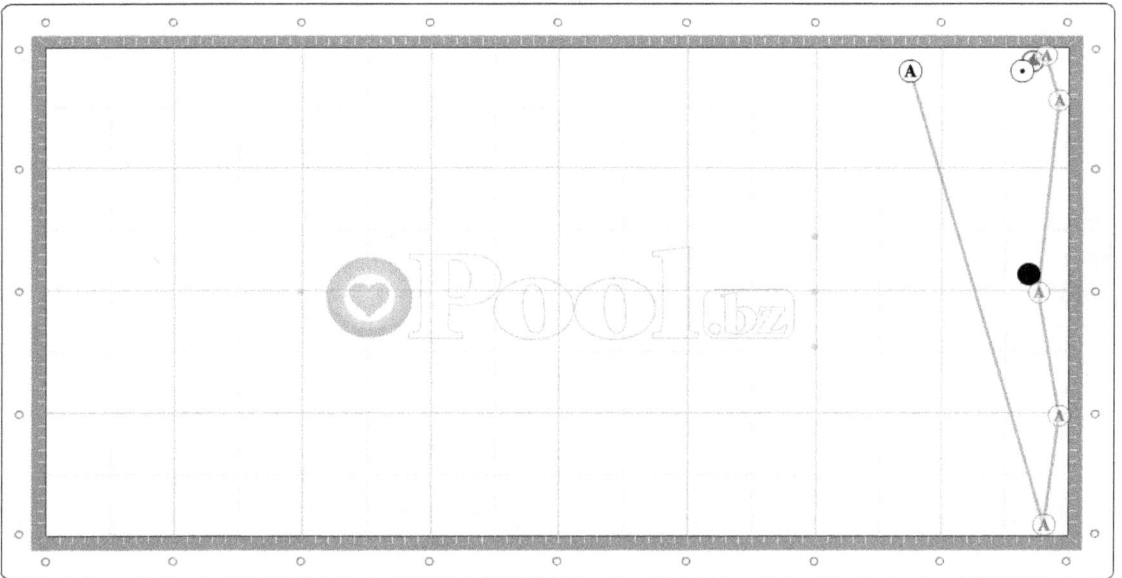

A:1c – Installer

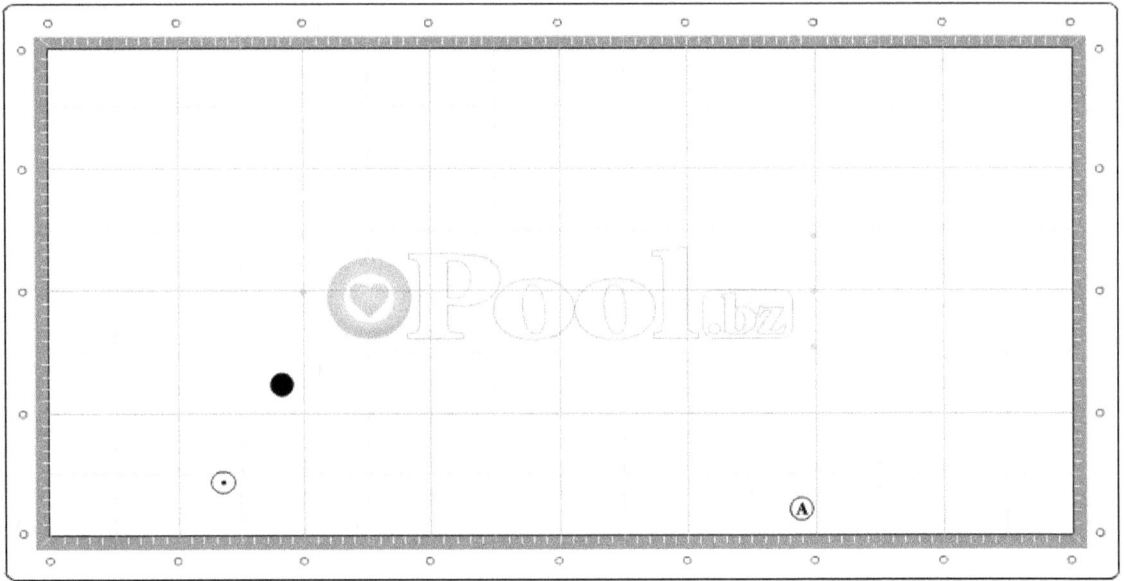

Notes et idées:

Modèle de balle

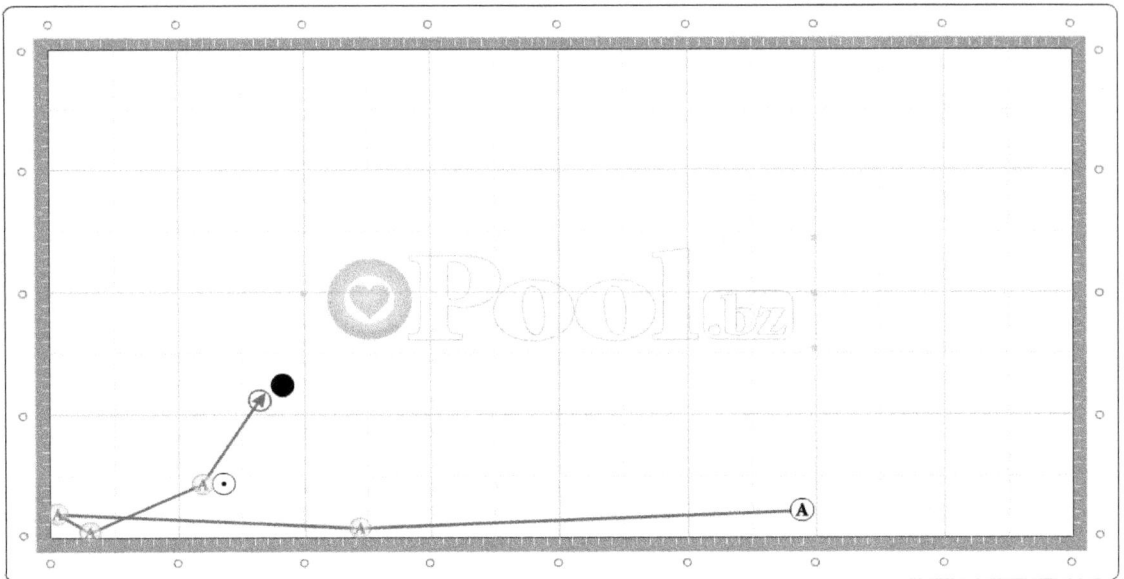

A:1d – Installer

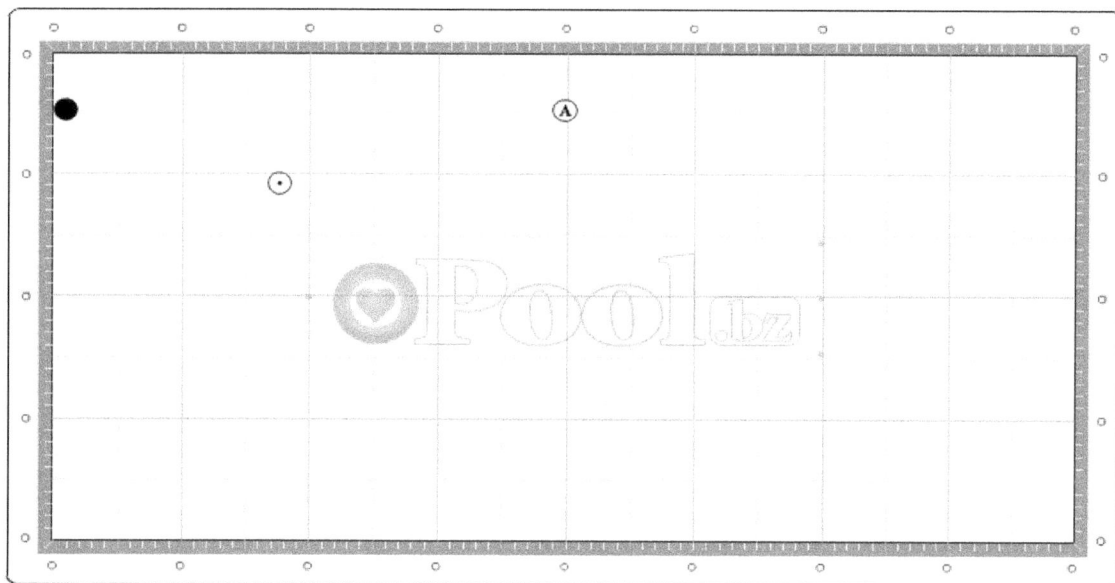

Notes et idées:

Modèle de balle

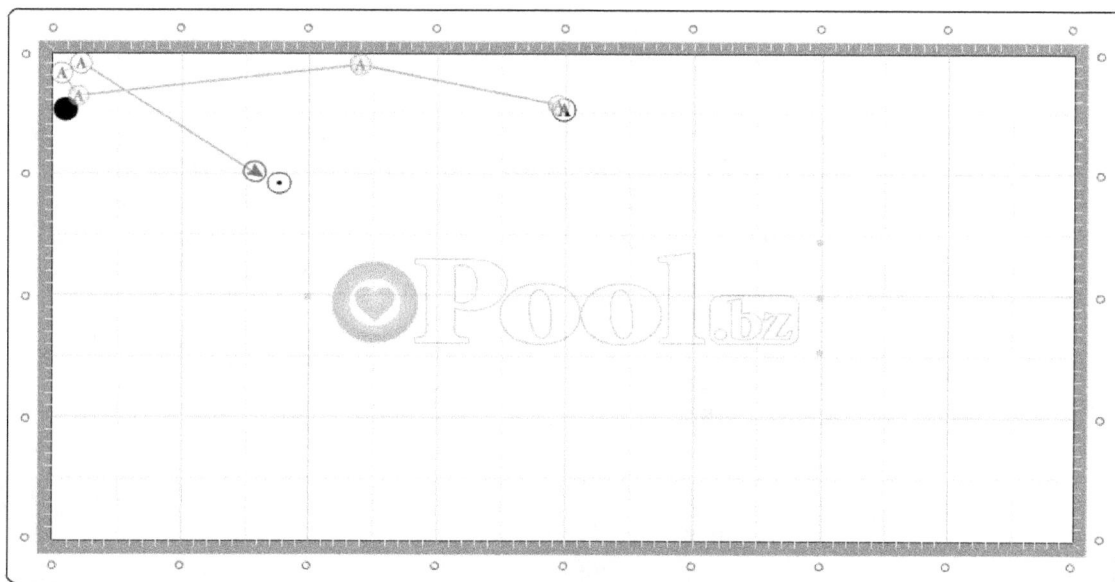

A: Groupe 2

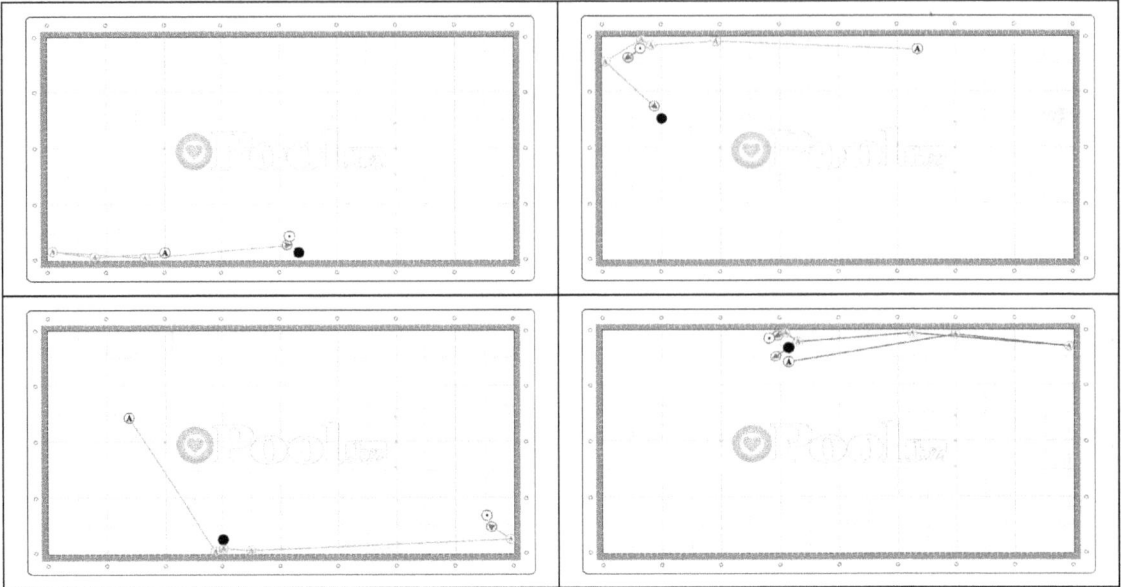

Une analyse:

A:2a. _____

A:2b. _____

A:2c. _____

A:2d. _____

A:2a – Installer

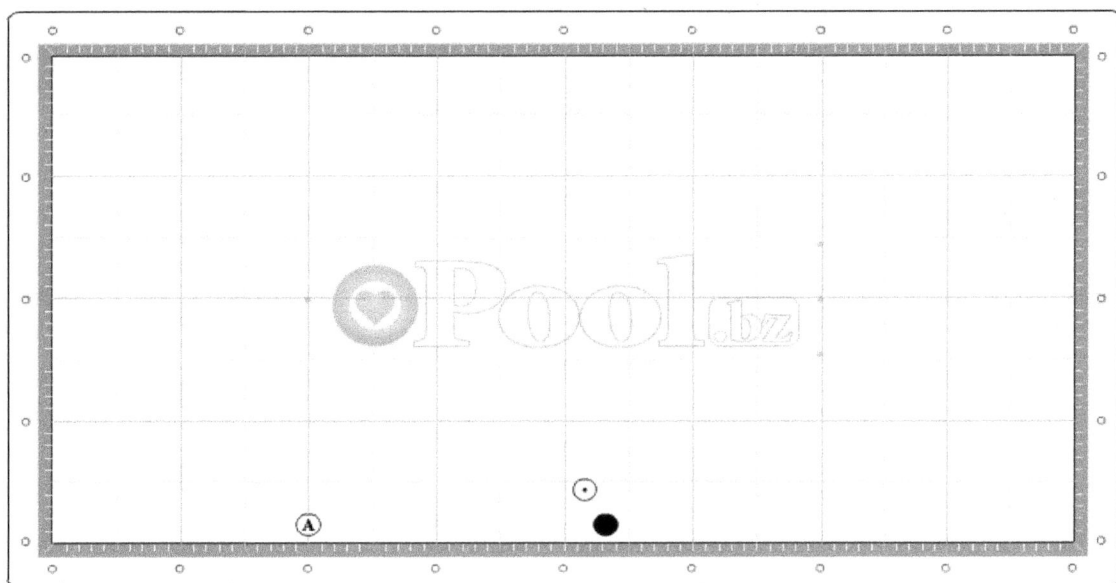

Notes et idées:

Modèle de balle

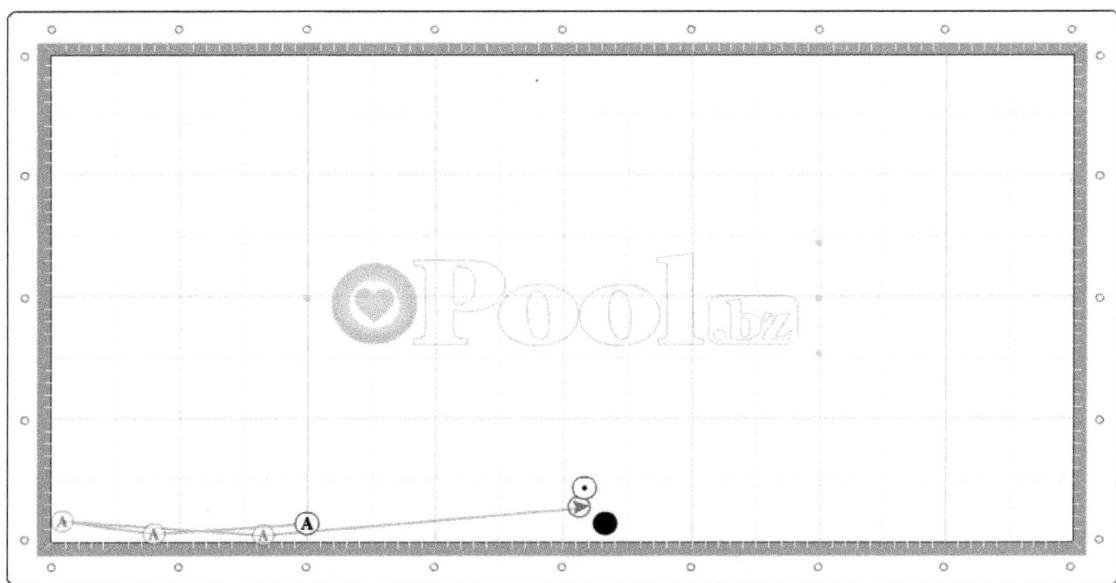

A:2b – Installer

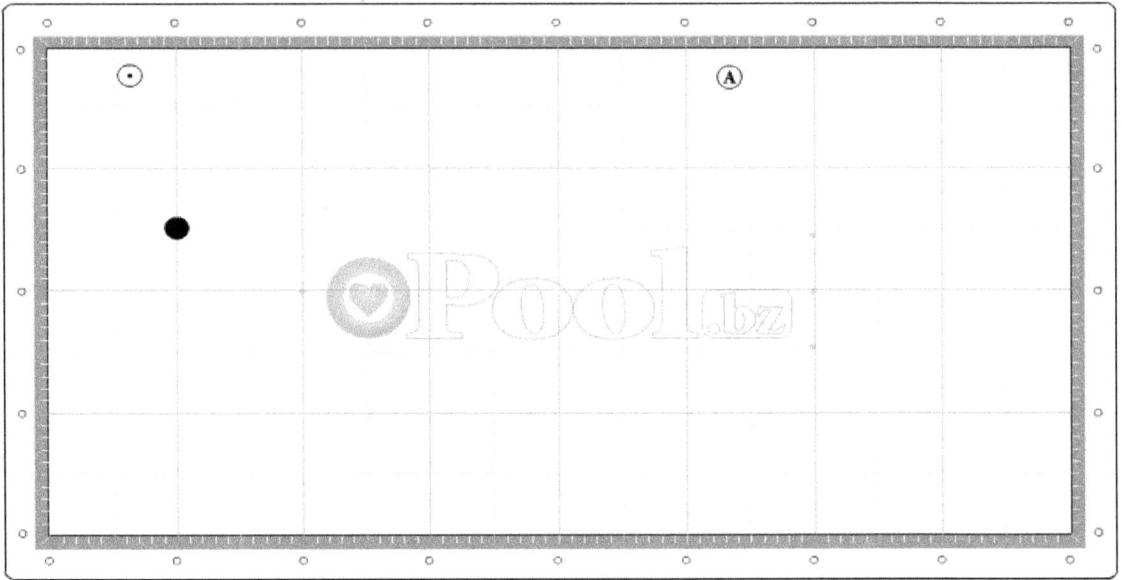

Notes et idées:

Modèle de balle

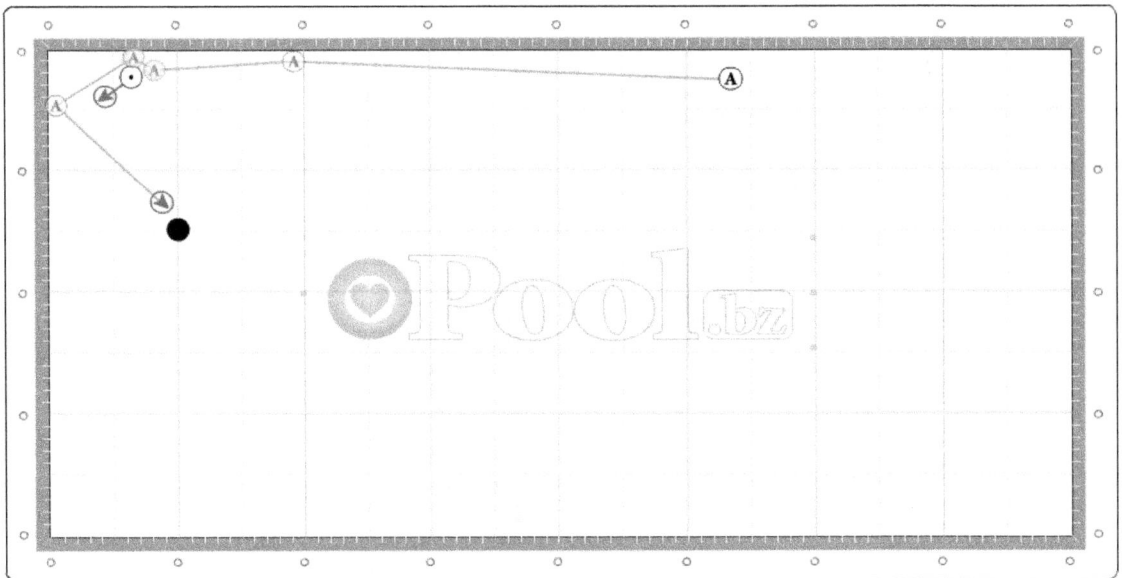

A:2c – Installer

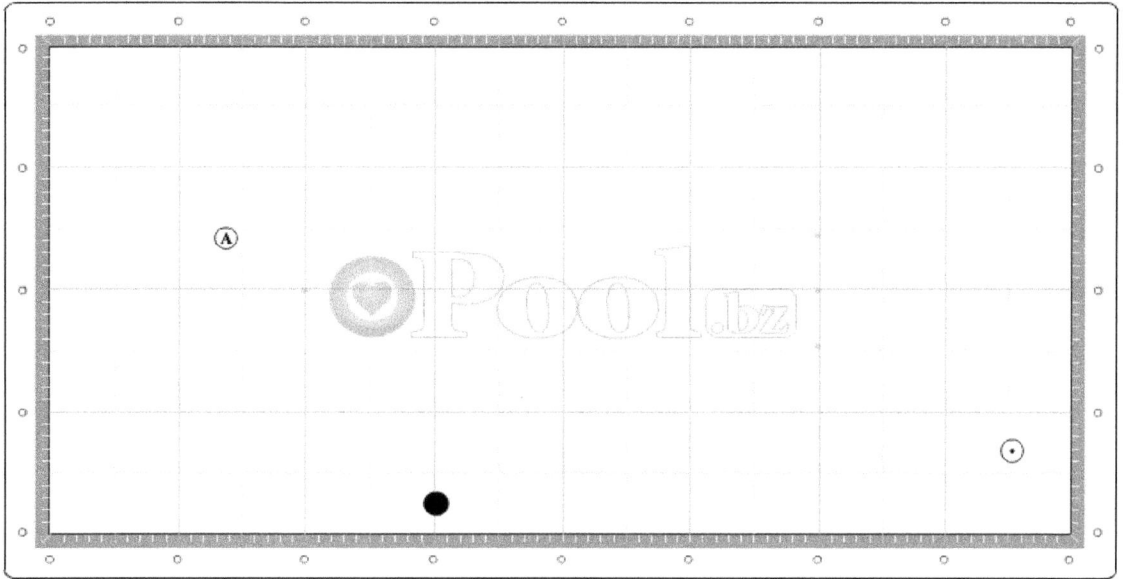

Notes et idées:

Modèle de balle

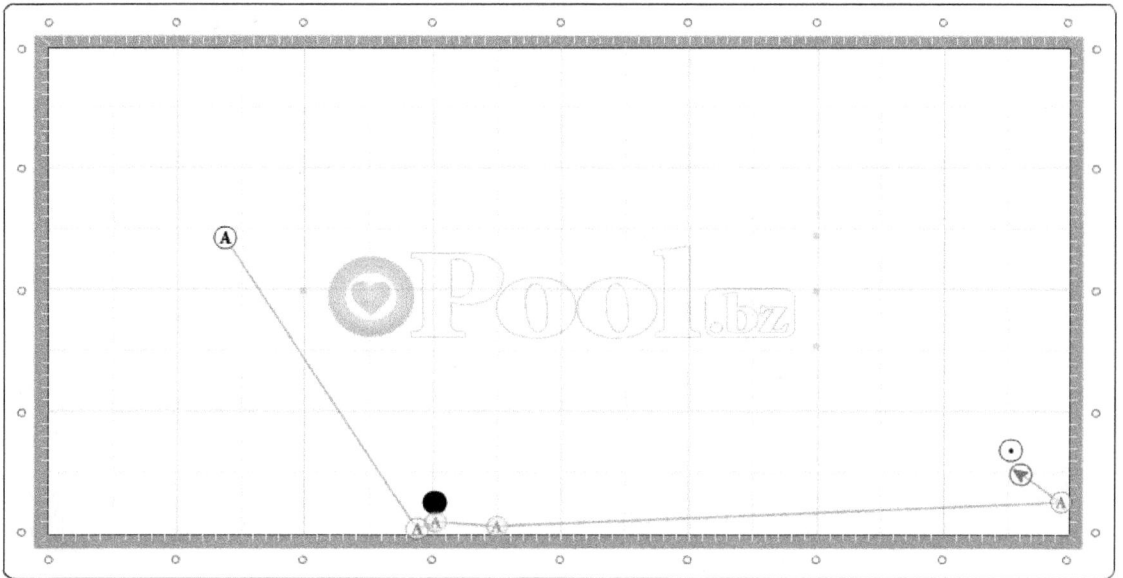

A:2d – Installer

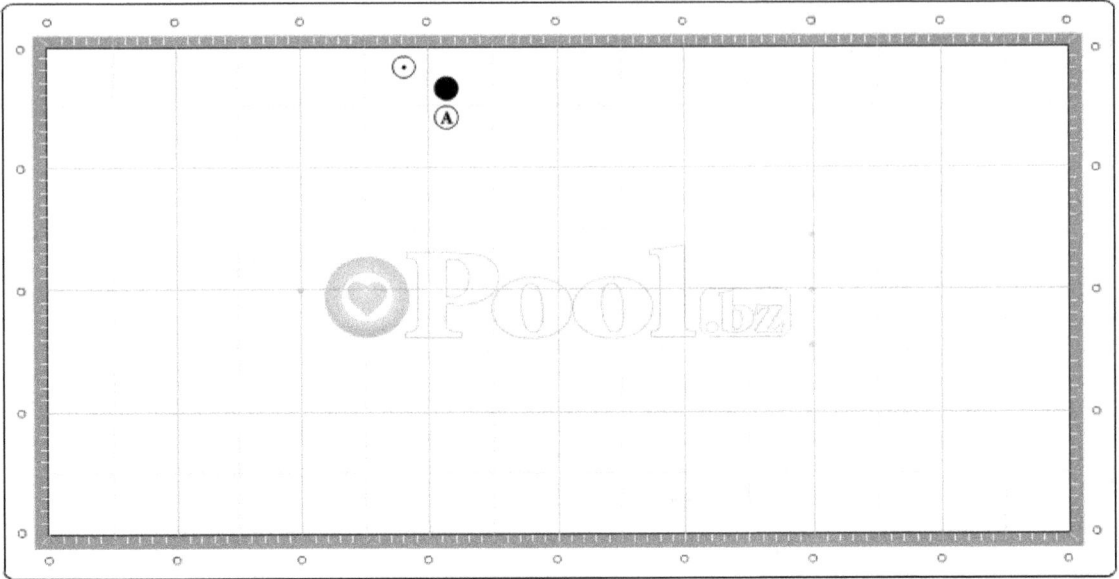

Notes et idées:

Modèle de balle

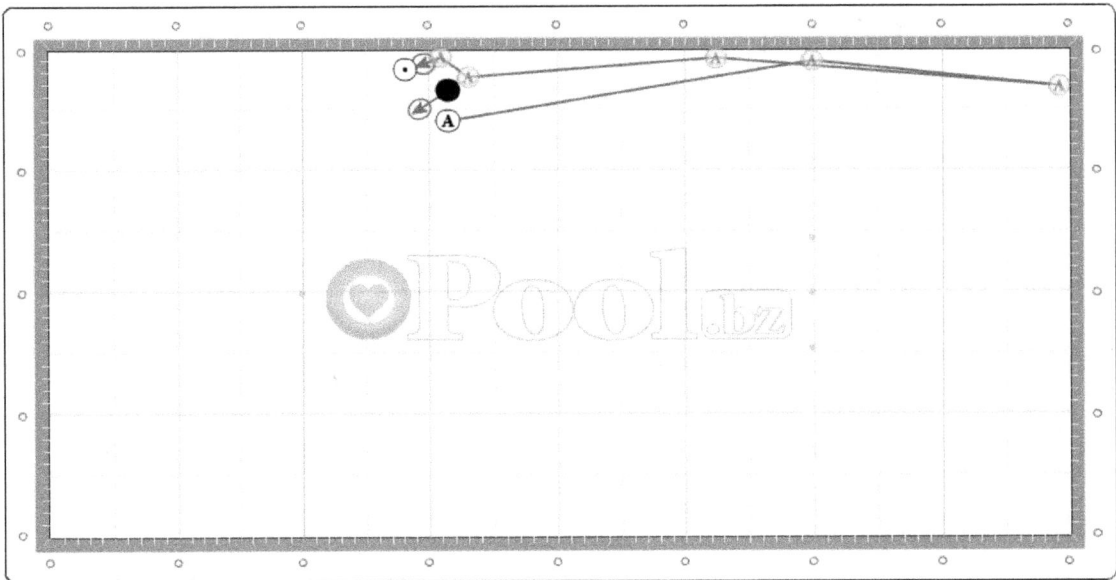

A: Groupe 3

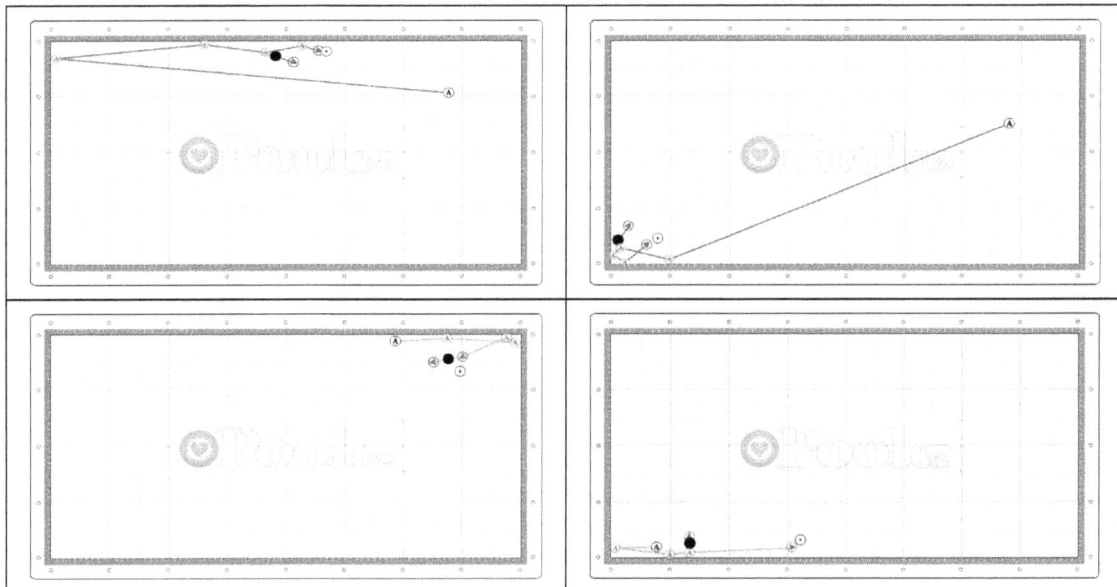

Une analyse:

A:3a. _____

A:3b. _____

A:3c. _____

A:3d. _____

A:3a – Installer

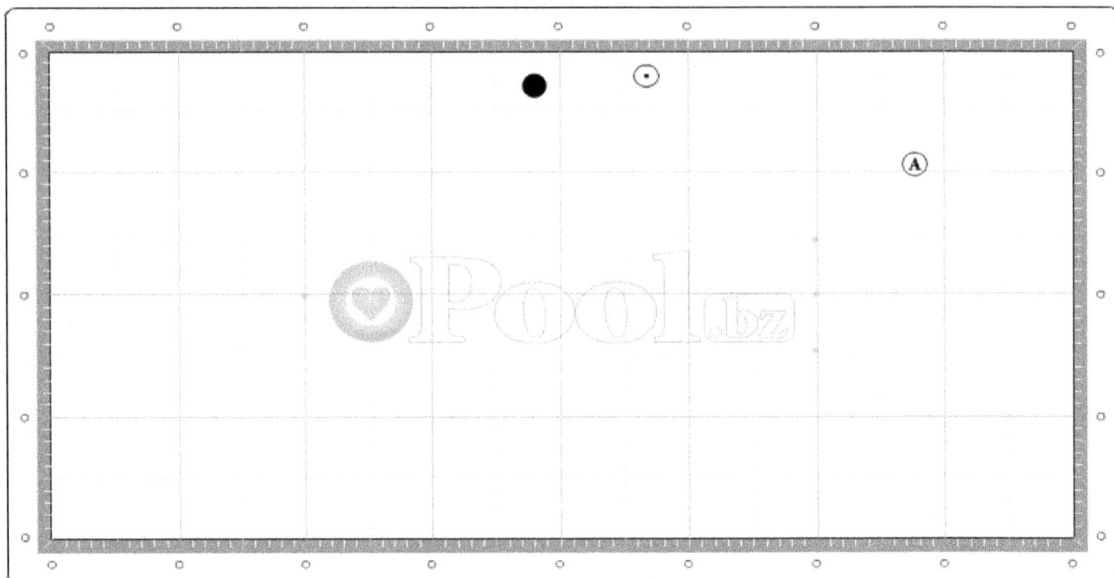

Notes et idées:

Modèle de balle

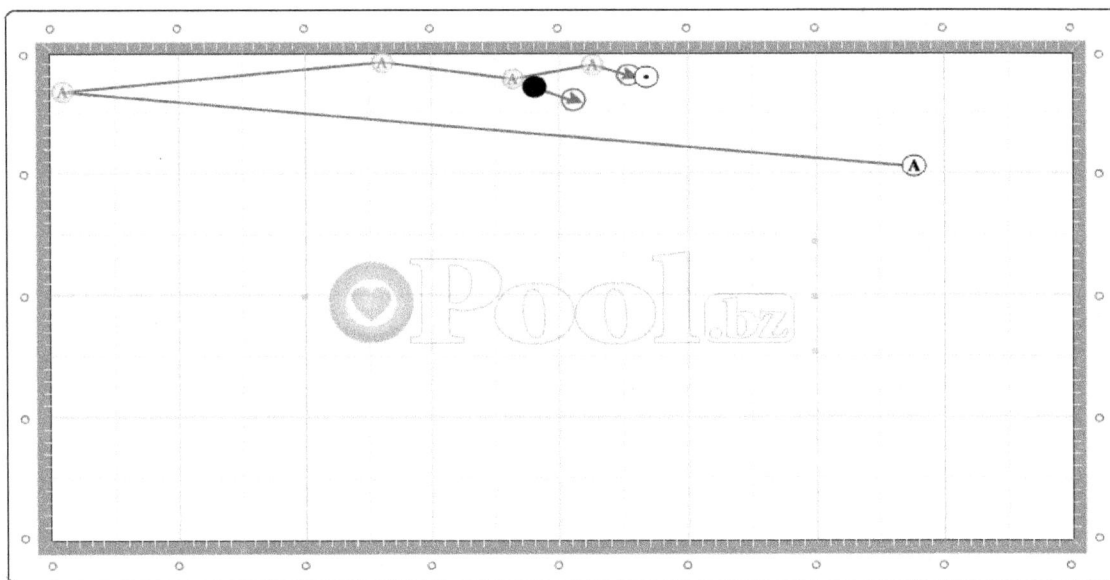

A:3b – Installer

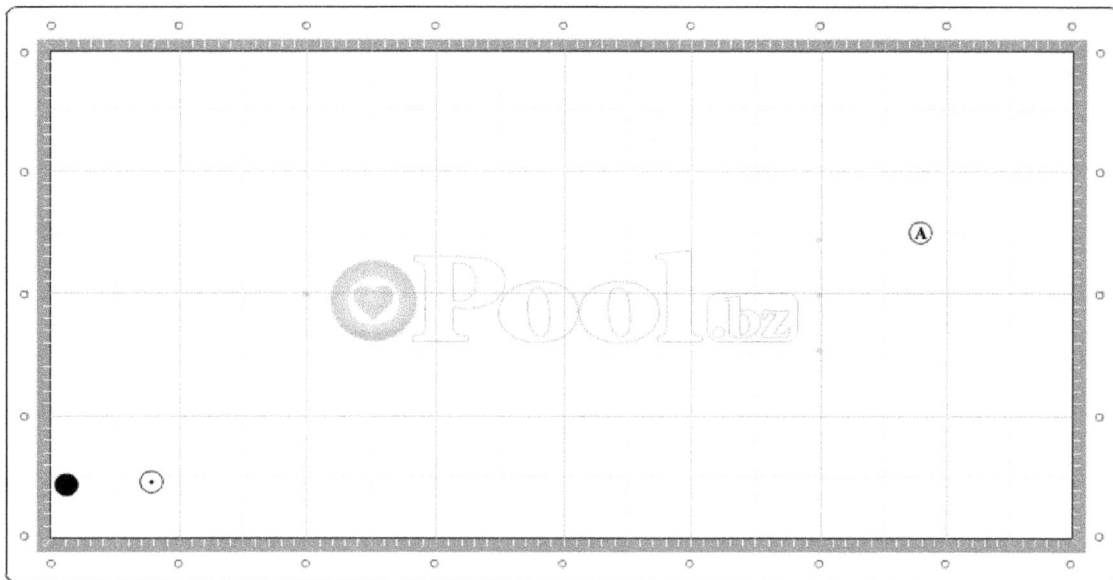

Notes et idées:

Modèle de balle

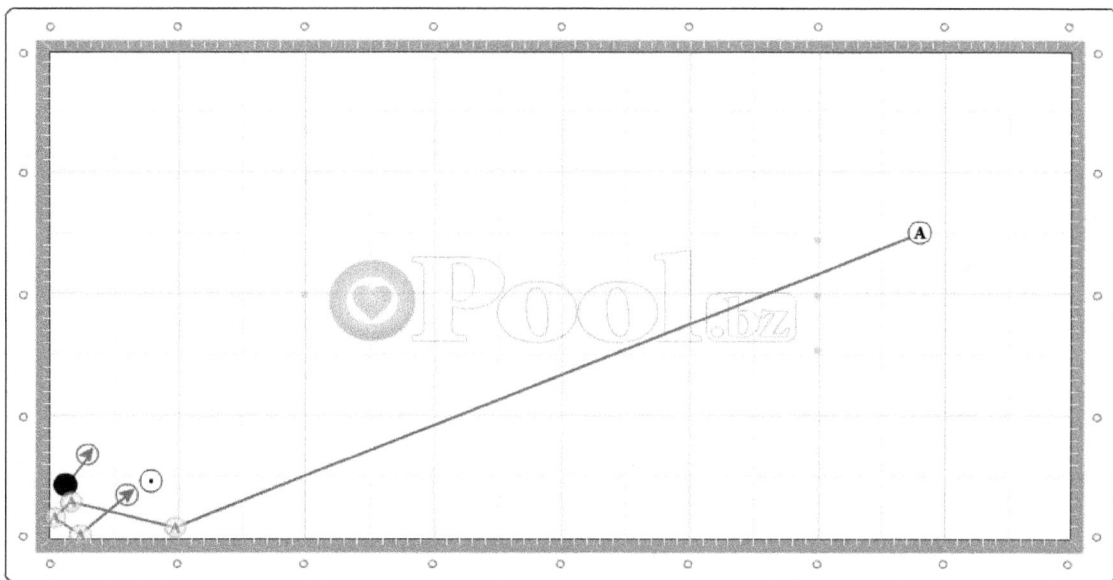

A:3c – Installer

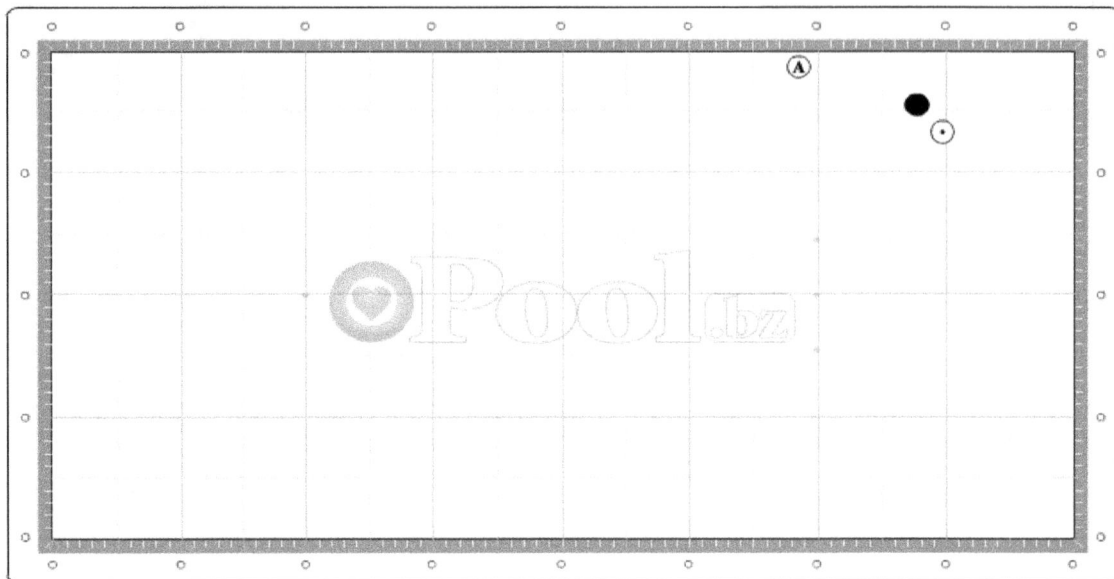

Notes et idées:

Modèle de balle

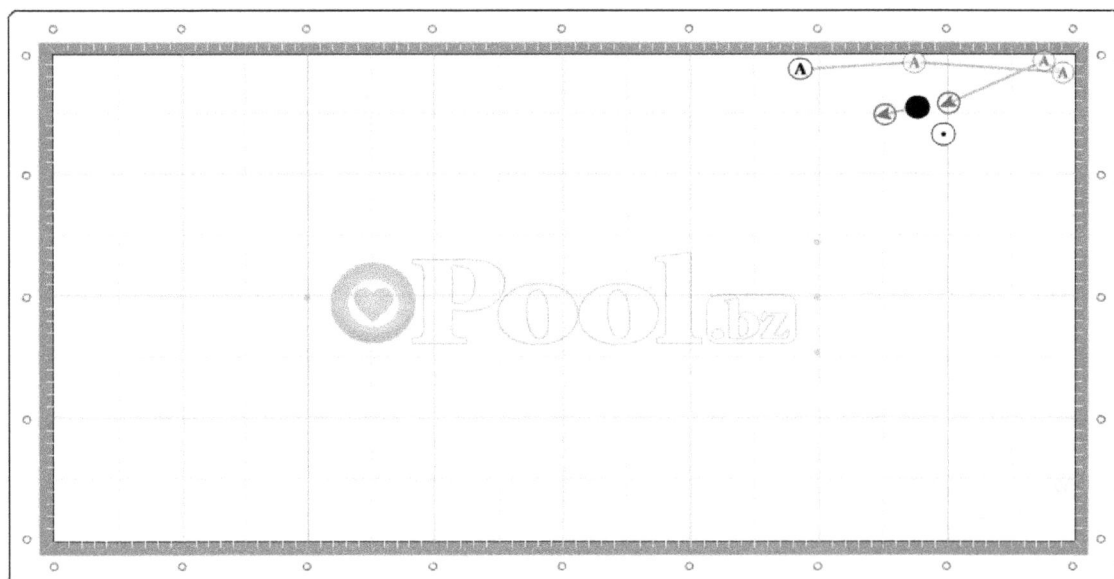

A:3d – Installer

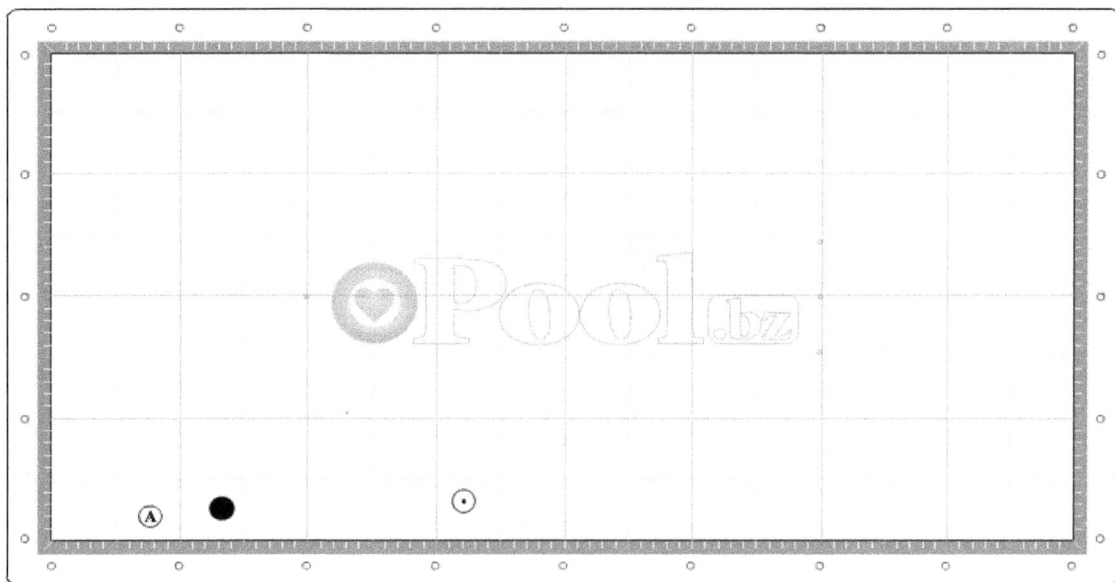

Notes et idées:

Modèle de balle

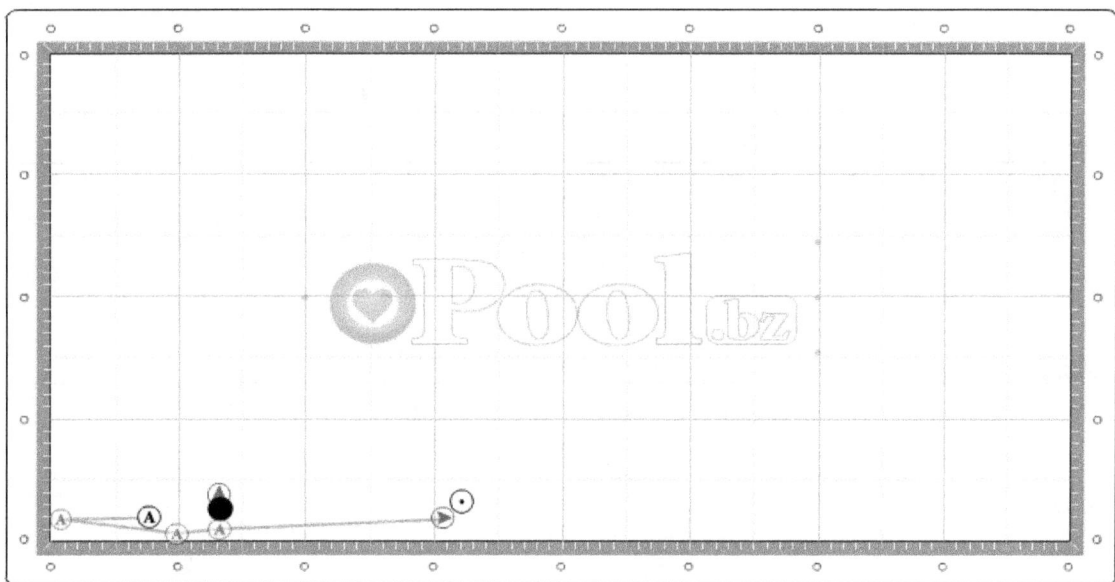

A: Groupe 4

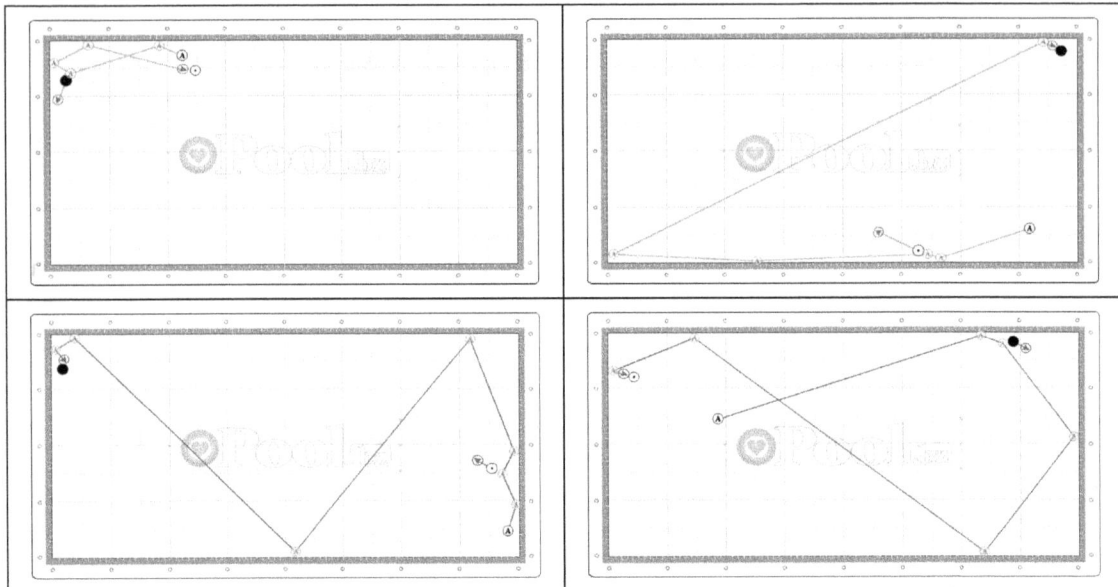

Une analyse:

A:4a. _____

A:4b. _____

A:4c. _____

A:4d. _____

A:4a – Installer

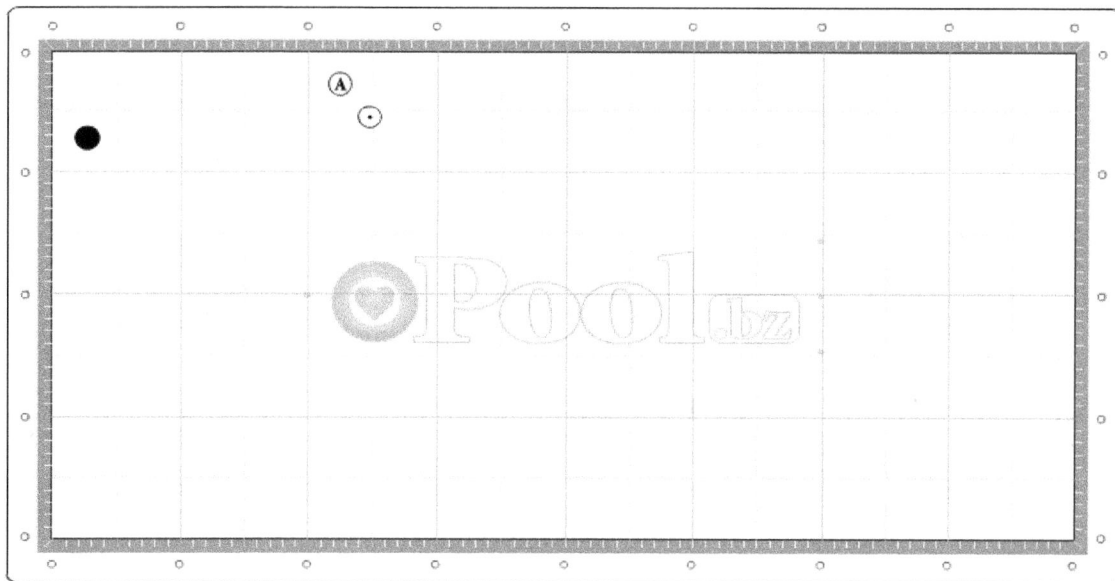

Notes et idées:

Modèle de balle

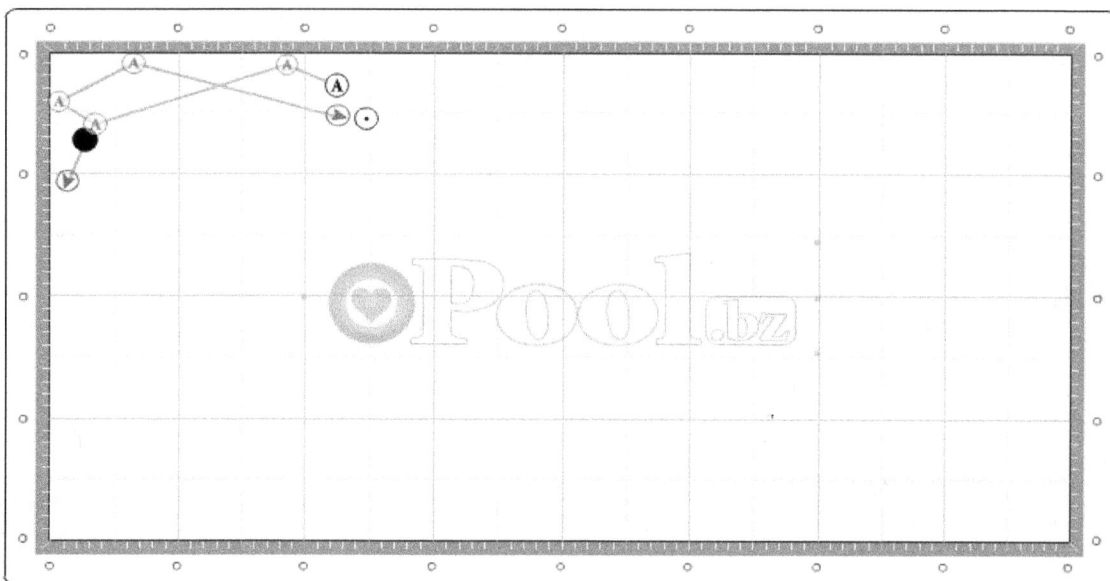

A:4b – Installer

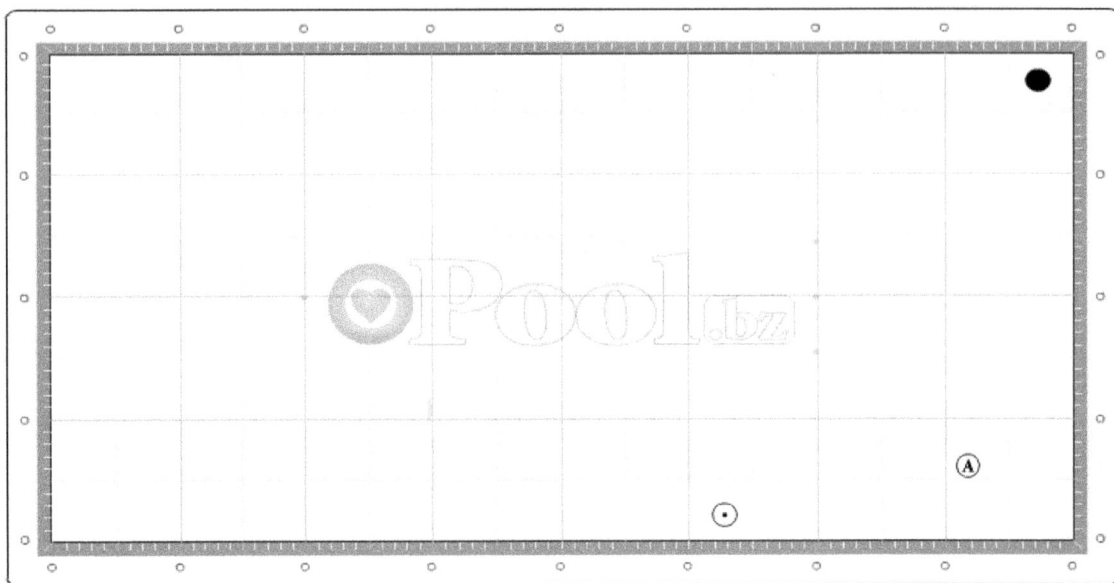

Notes et idées:

Modèle de balle

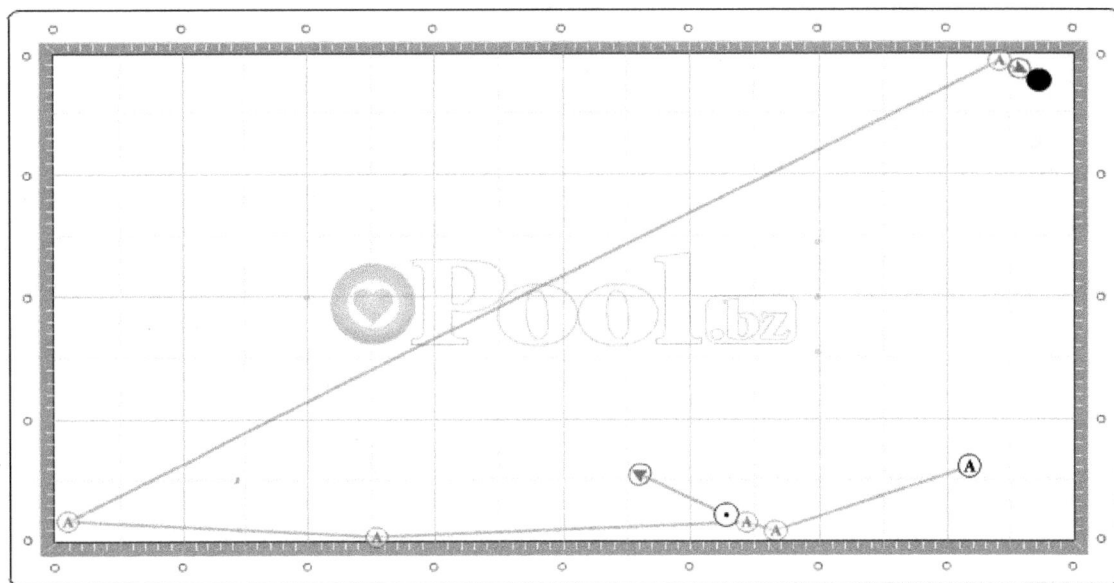

A:4c – Installer

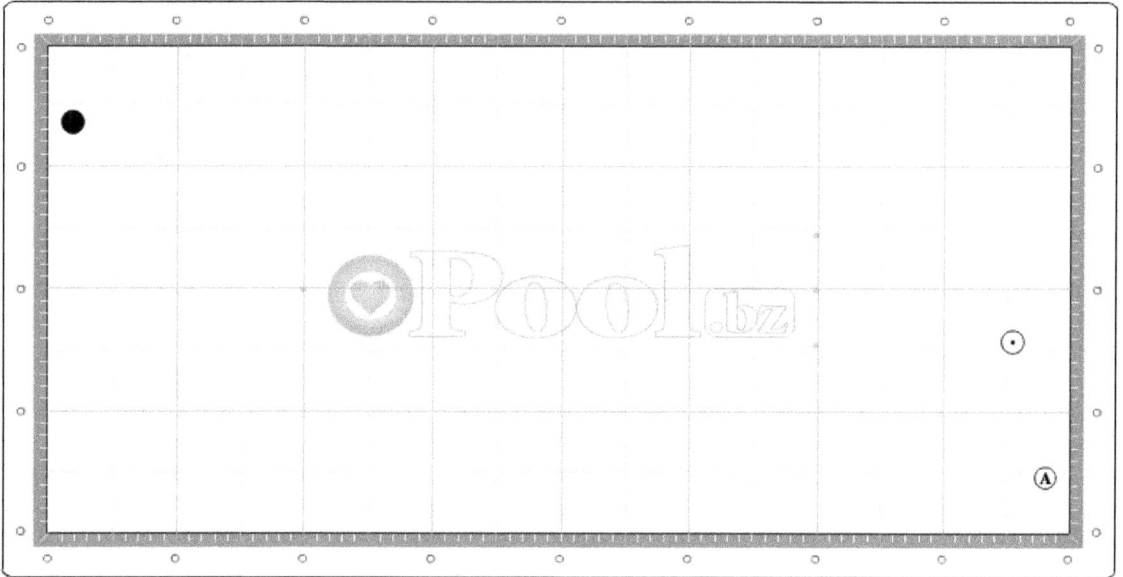

Notes et idées:

Modèle de balle

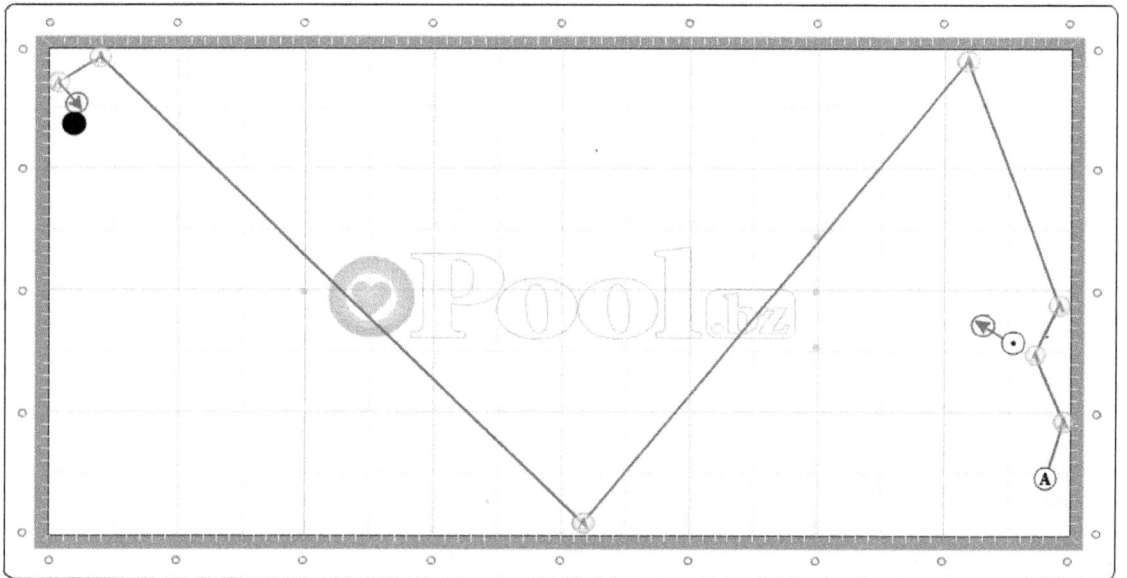

A:4d – Installer

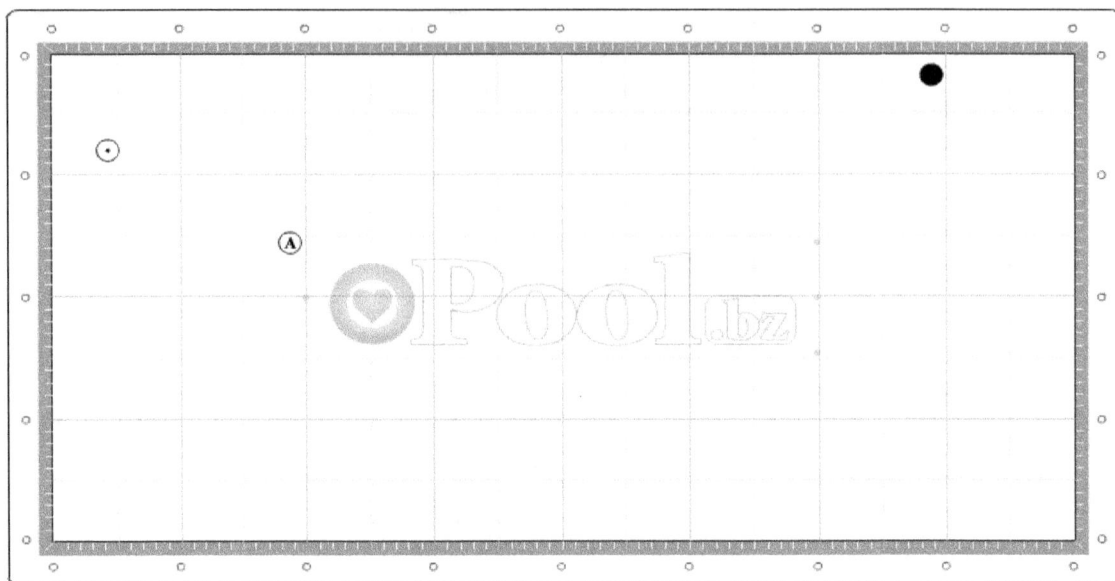

Notes et idées:

Modèle de balle

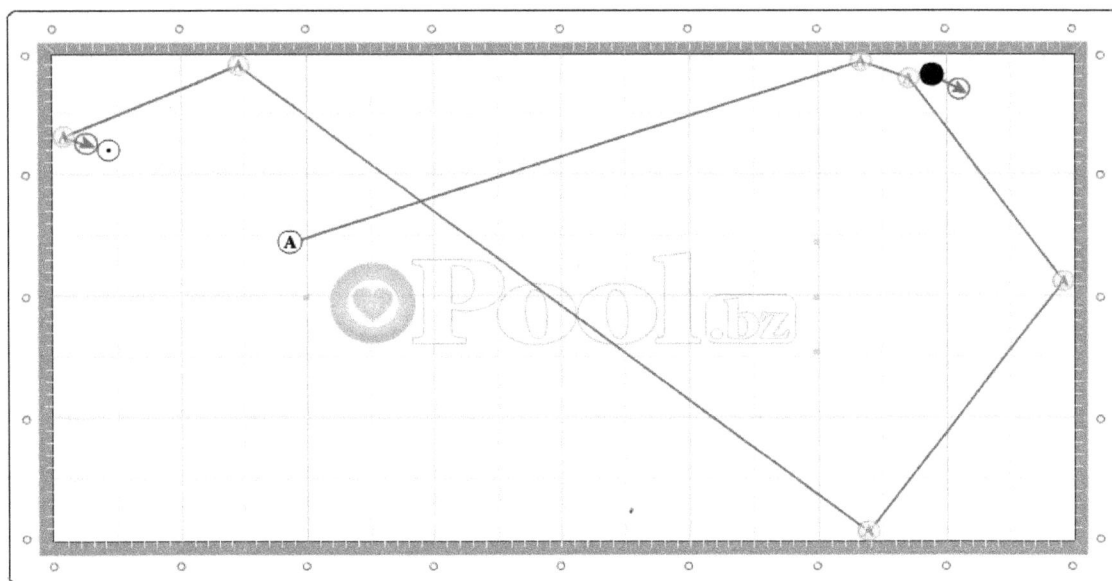

B: Haut et bas sur le côté

Le (CB) utilise la rotation latérale pour rendre tous les contacts de bandas le long d'un bandas.

Ⓐ (CB) (votre balle) - ⊙ (OB) (balle de l'adversaire) – ⚫ (OB) Balle rouge

B: Groupe 1

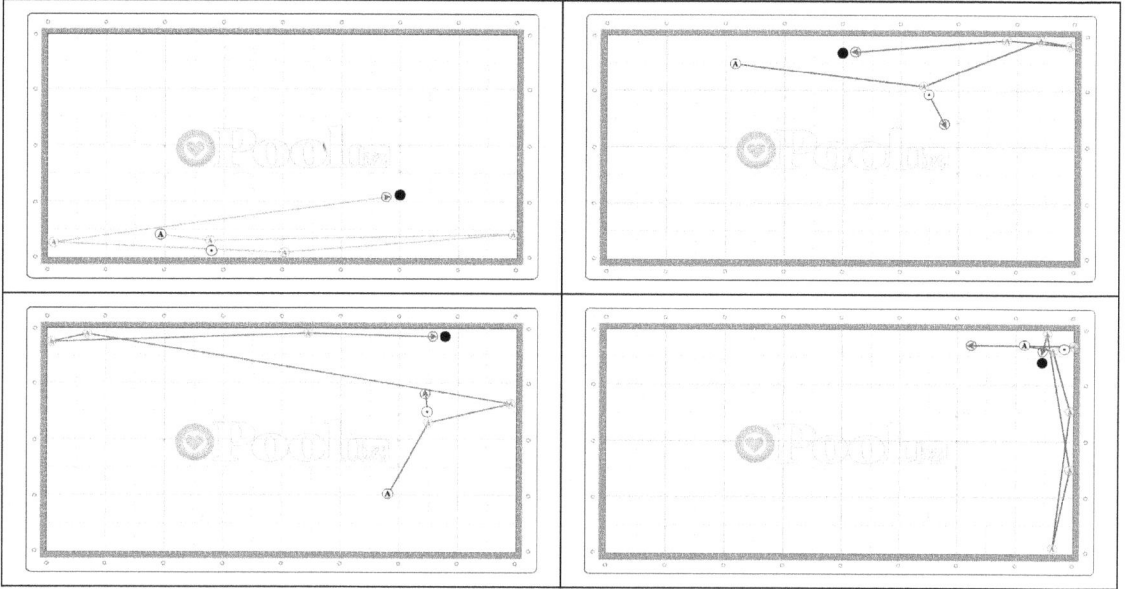

Une analyse:

B:1a. _____

B:1b. _____

B:1c. _____

B:1d. _____

B:1a – Installer

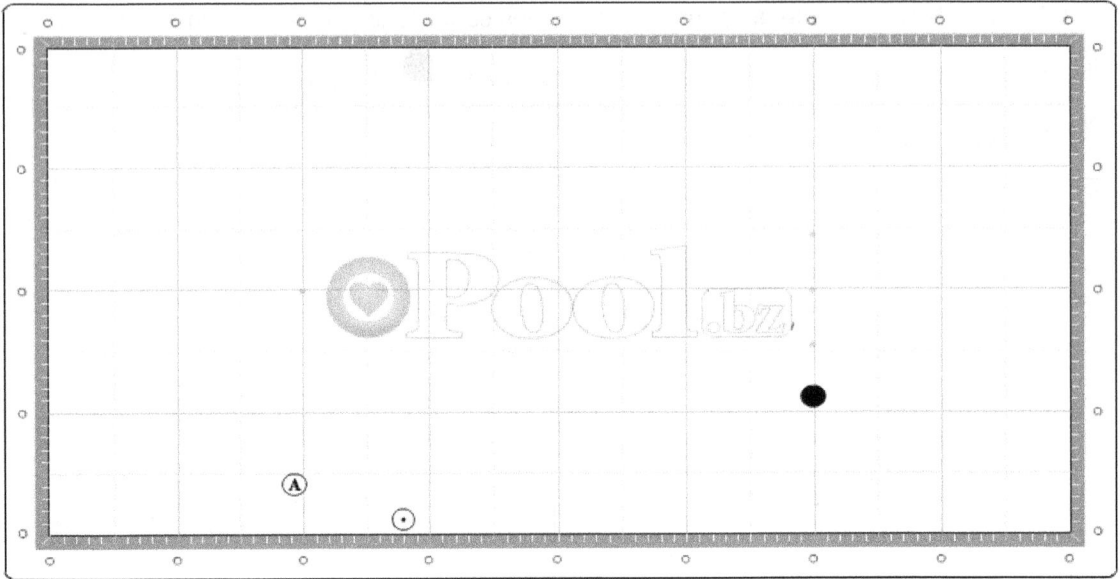

Notes et idées:

Modèle de balle

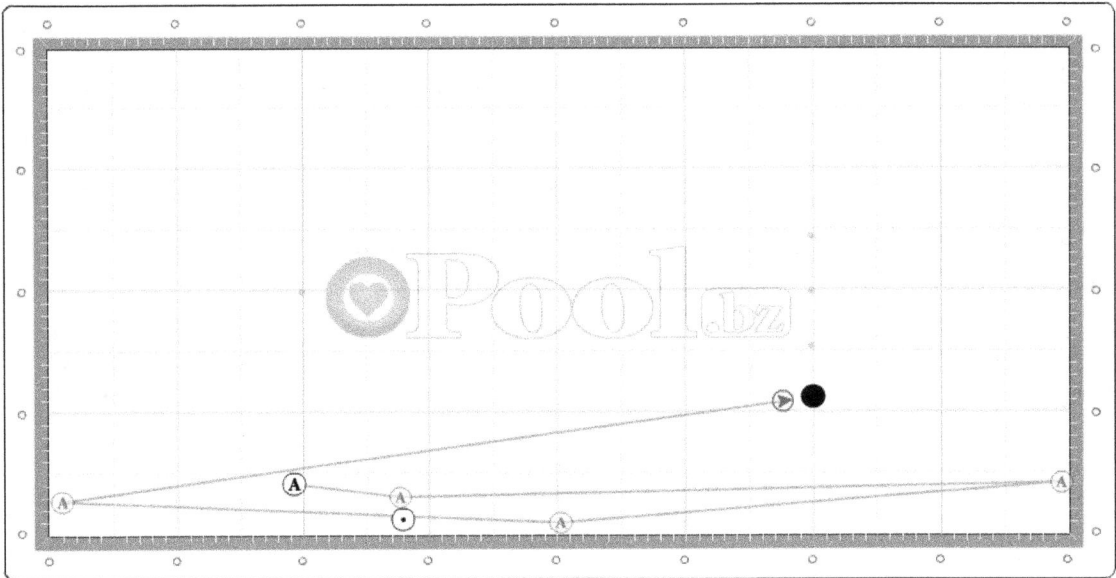

B:1b – Installer

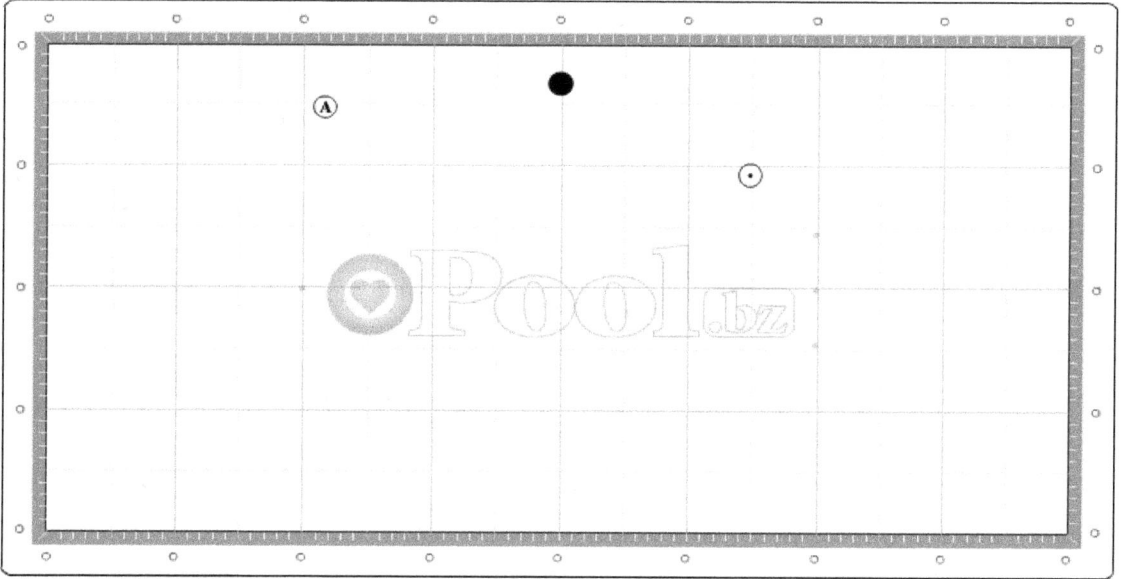

Notes et idées:

Modèle de balle

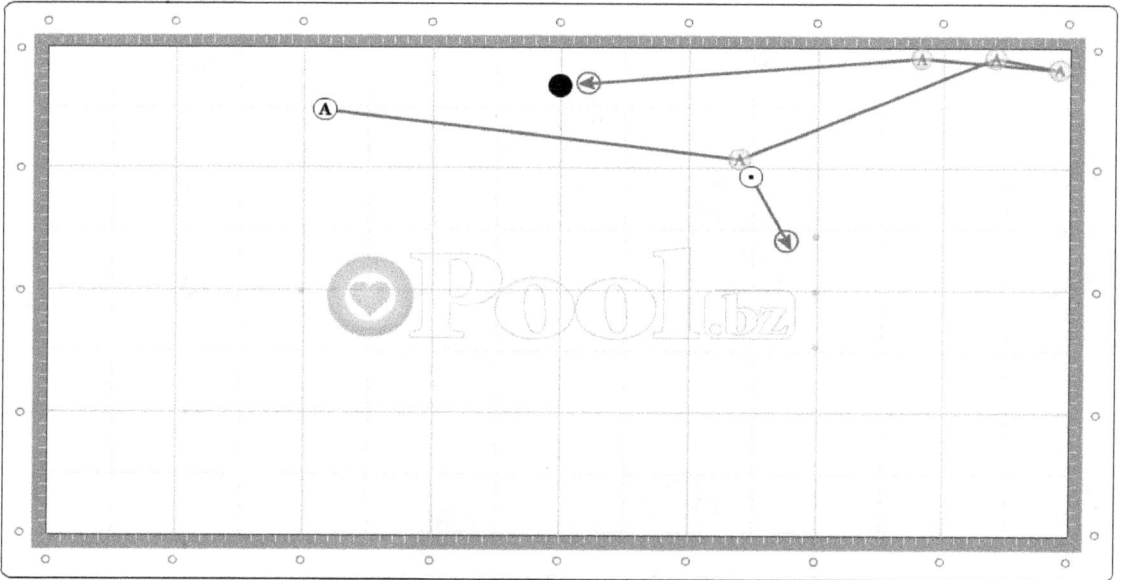

B:1c – Installer

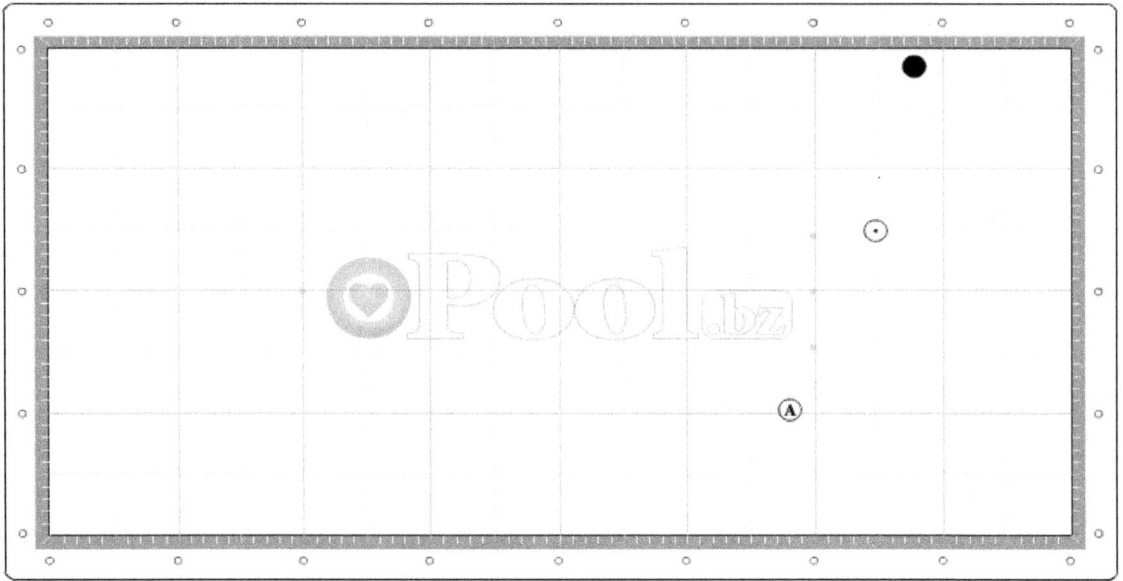

Notes et idées:

Modèle de balle

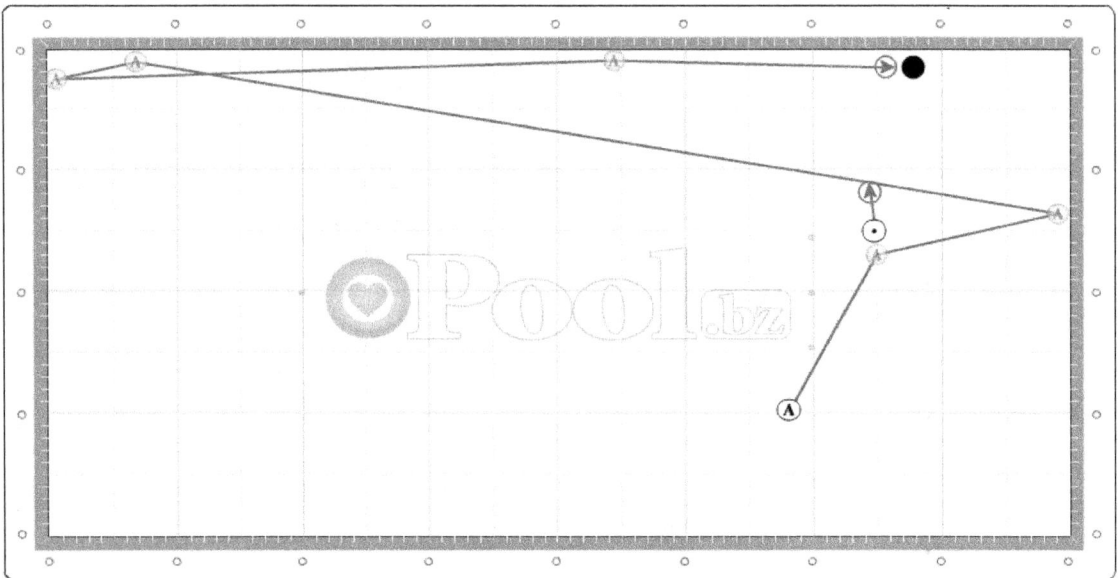

B:1d – Installer

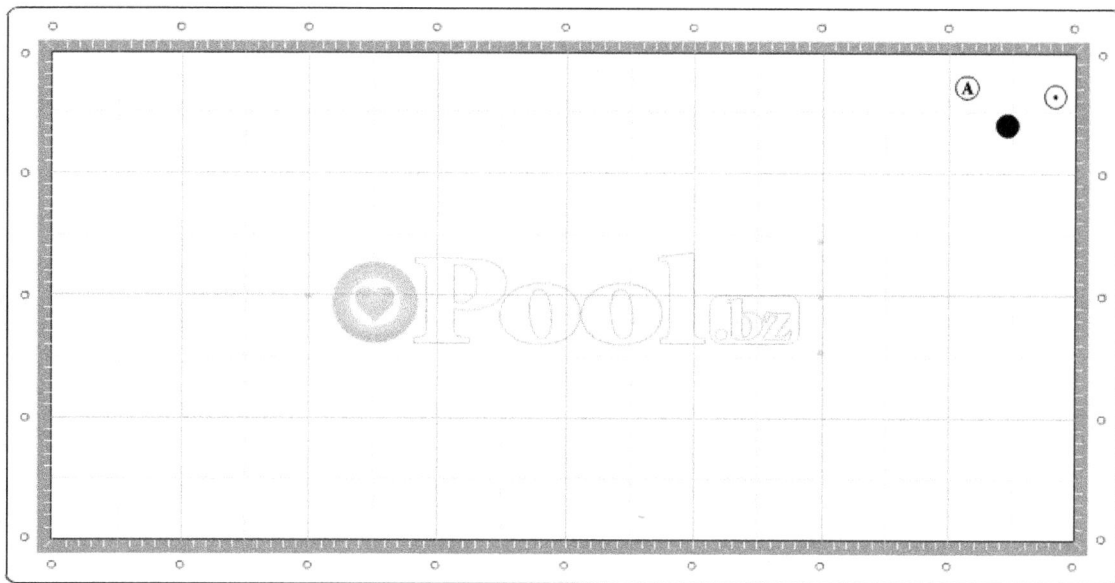

Notes et idées:

Modèle de balle

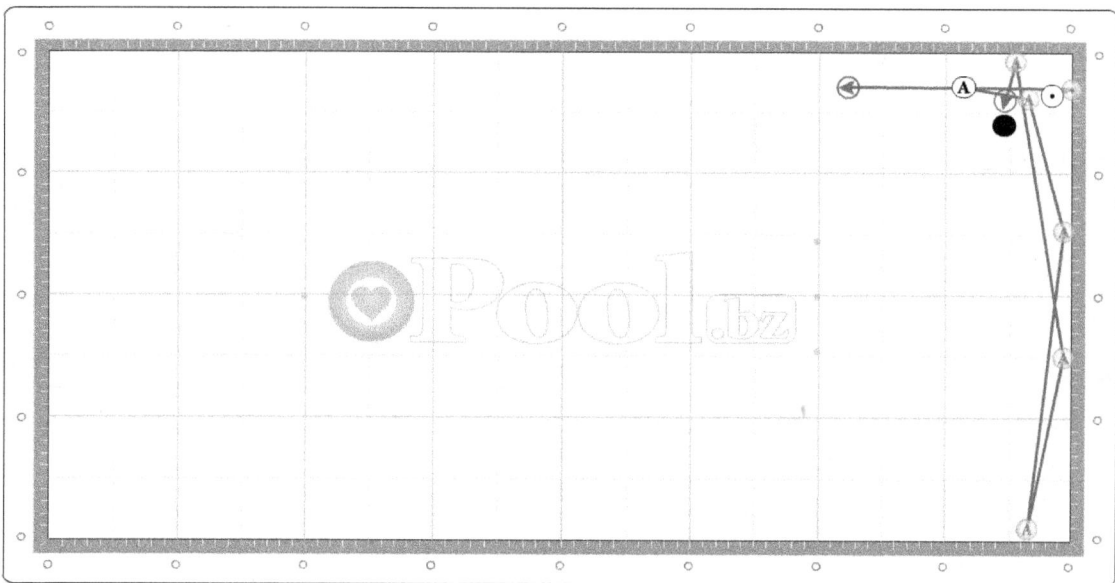

B: Groupe 2

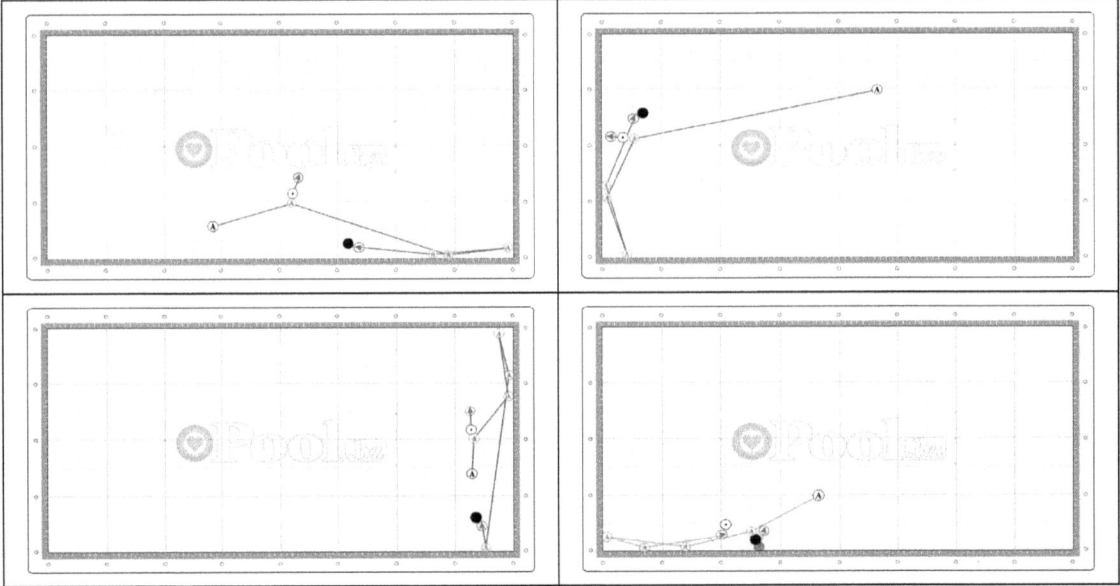

Une analyse:

A:1a. _____

A:1b. _____

A:1c. _____

A:1d. _____

B:2a – Installer

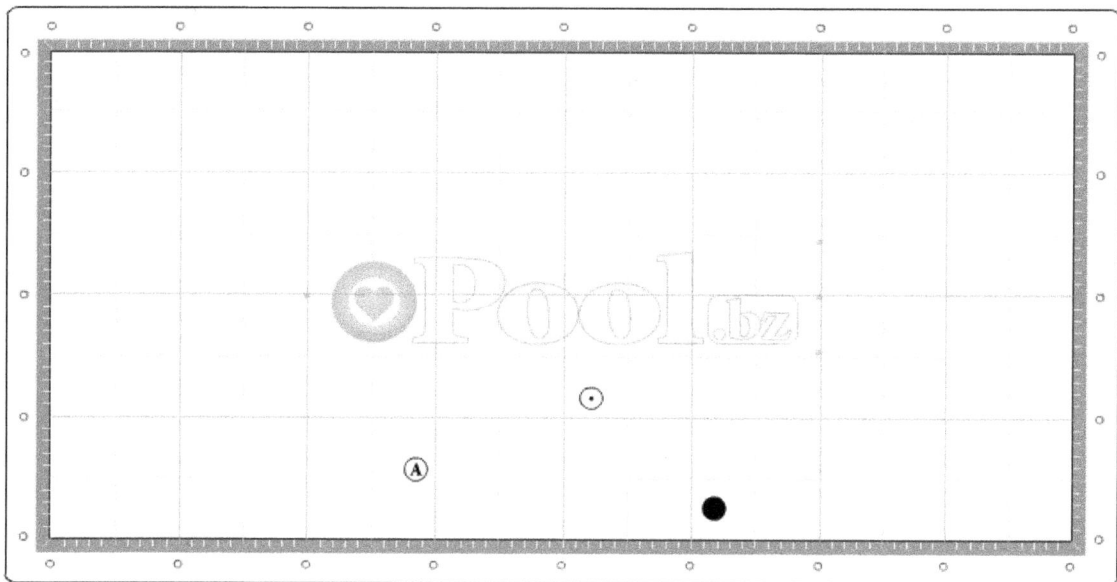

Notes et idées:

Modèle de balle

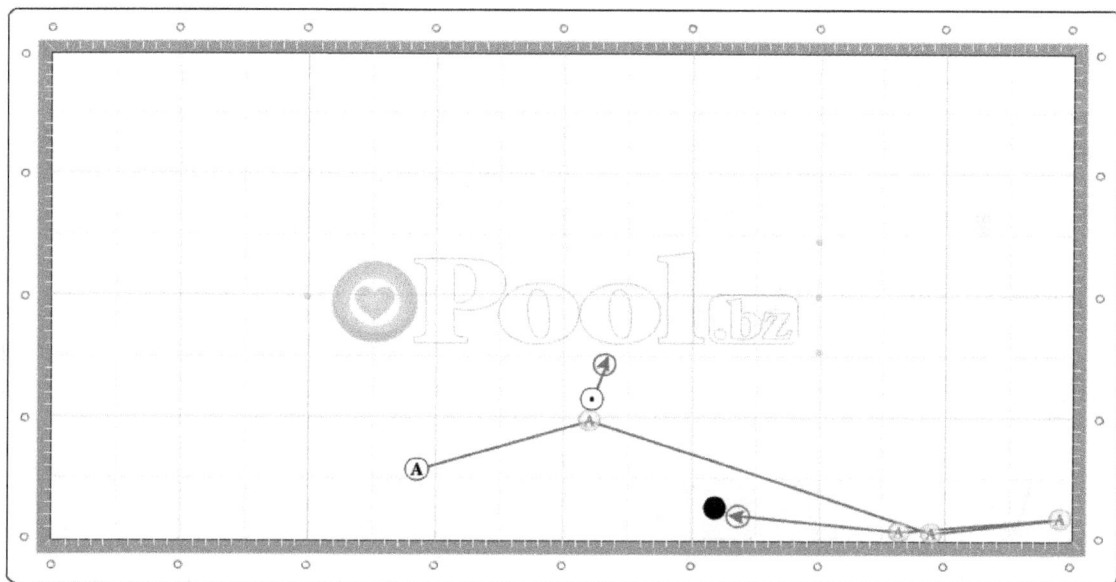

B:2b – Installer

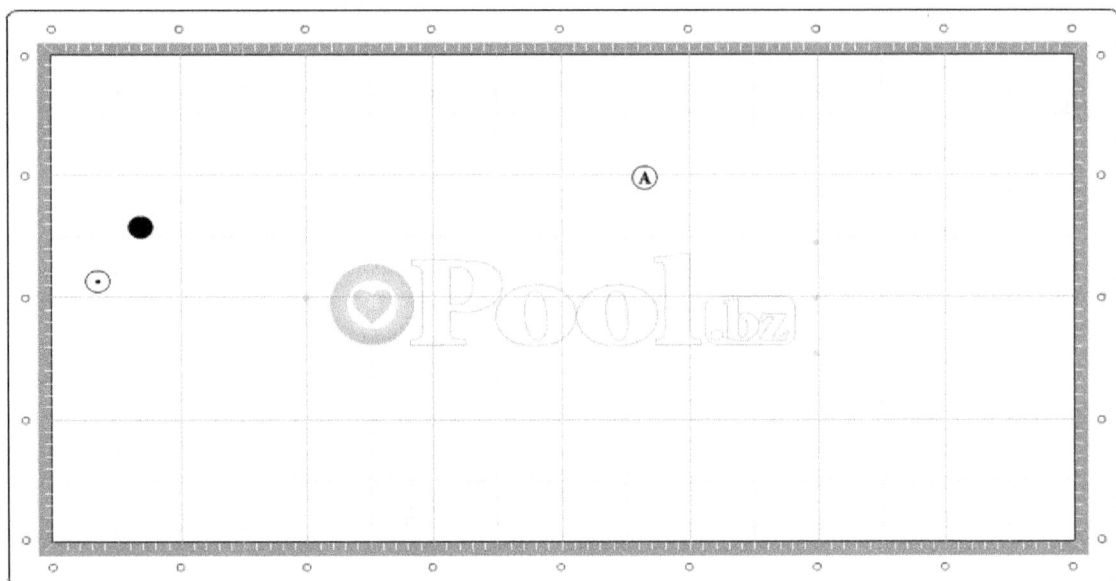

Notes et idées:

Modèle de balle

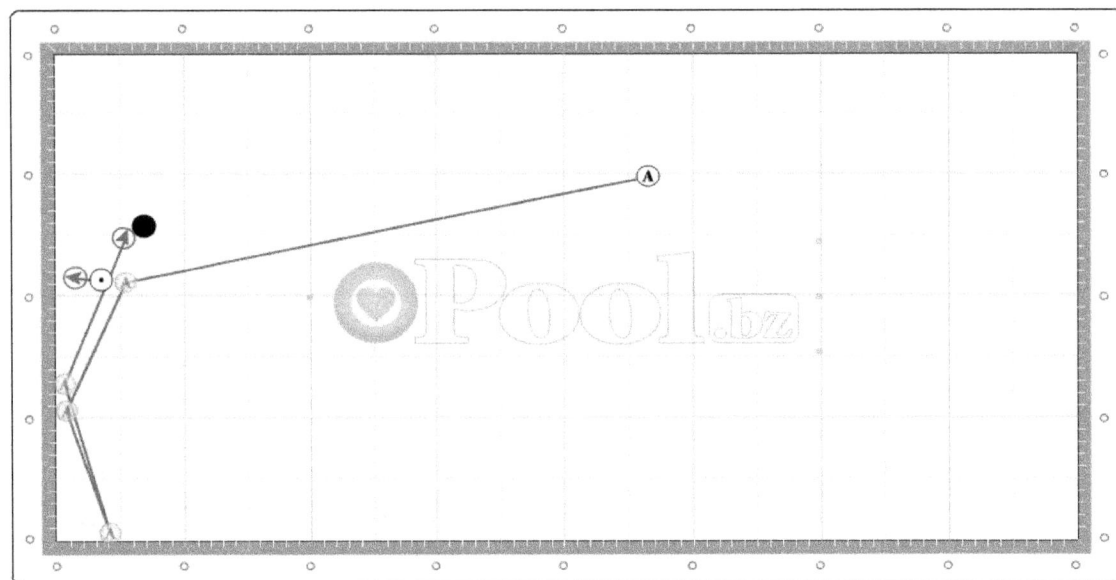

B:2c – Installer

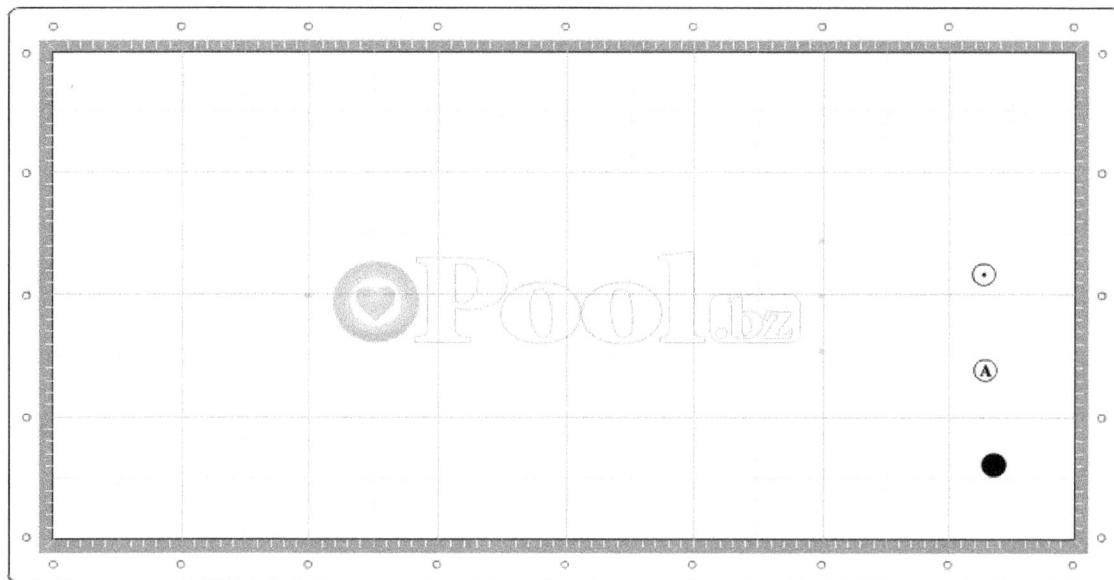

Notes et idées:

Modèle de balle

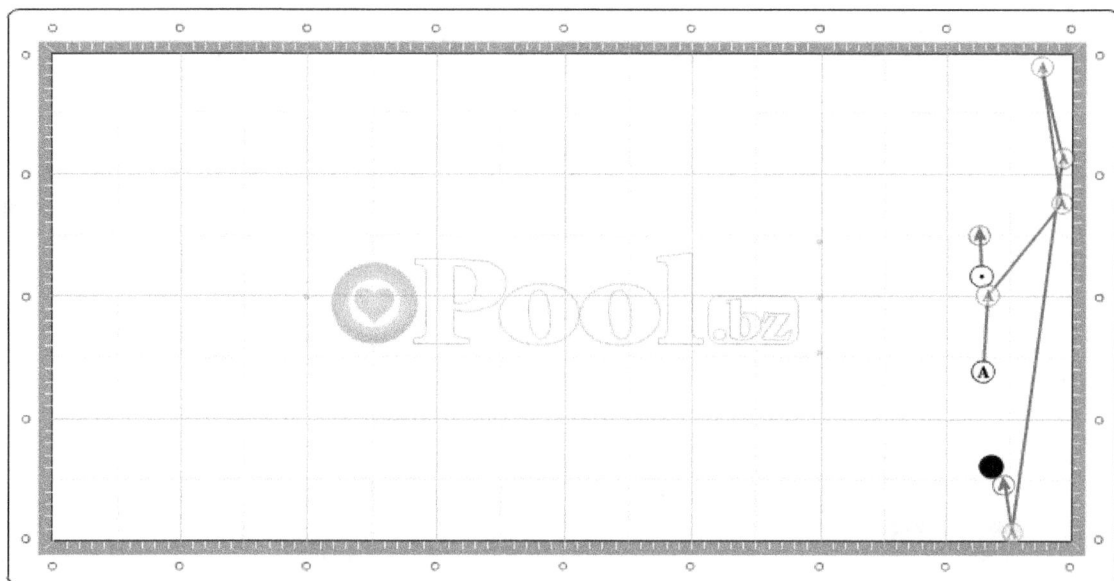

B:2d – Installer

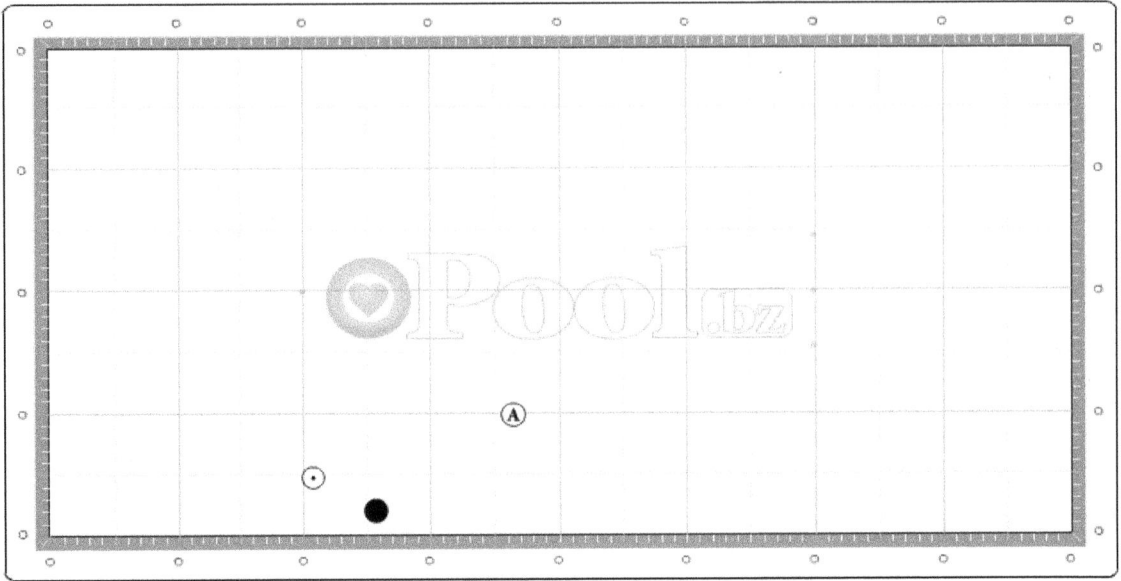

Notes et idées:

Modèle de balle

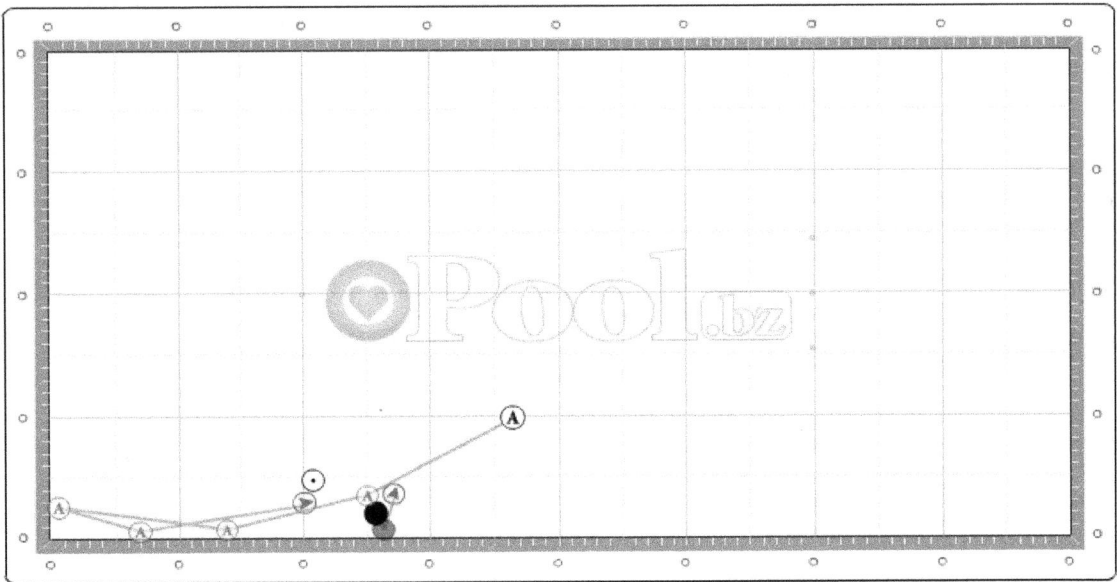

B: Groupe 3

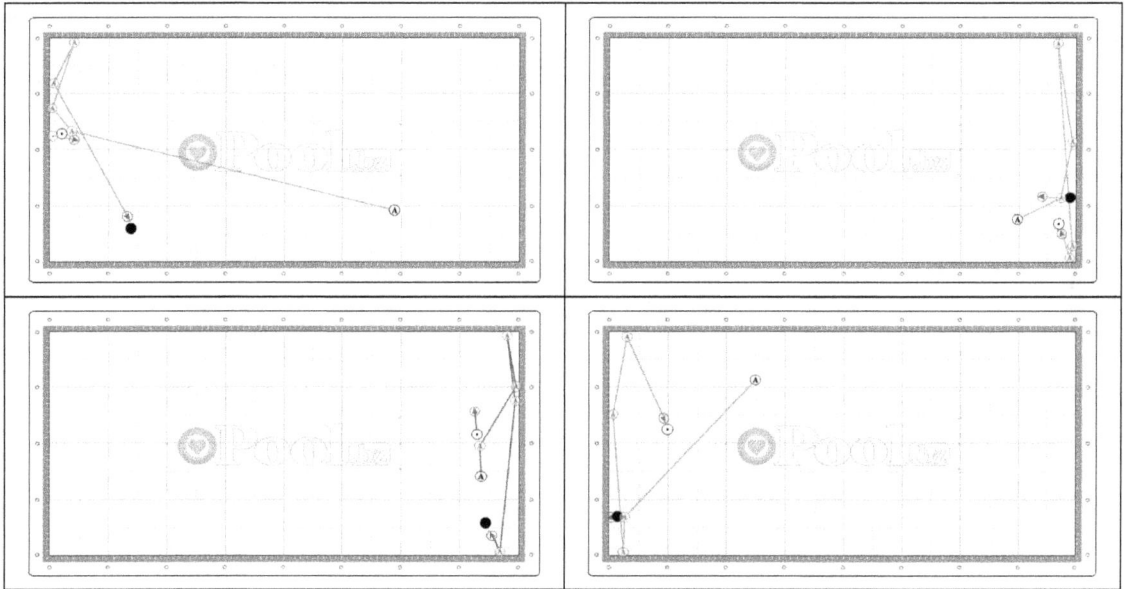

Une analyse:

B:3a. _____

B:3b. _____

B:3c. _____

B:3d. _____

B:3a – Installer

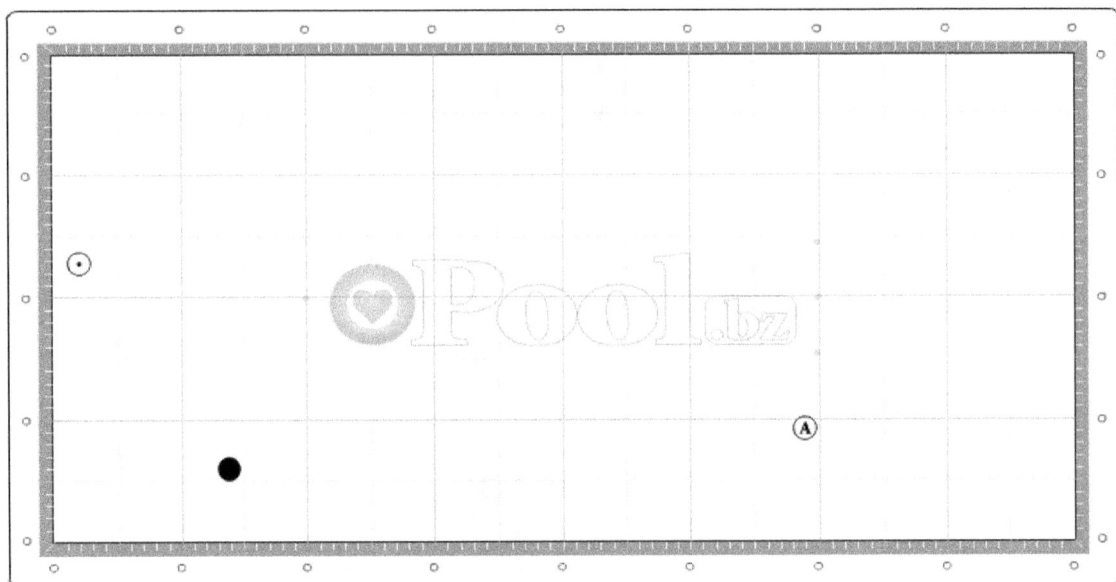

Notes et idées:

Modèle de balle

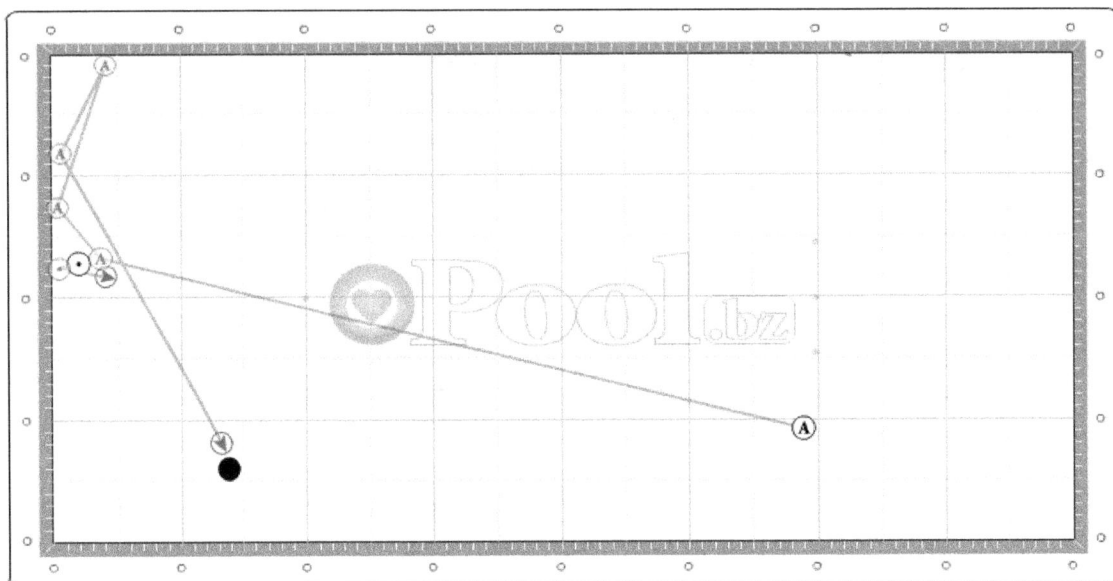

B:3b – Installer

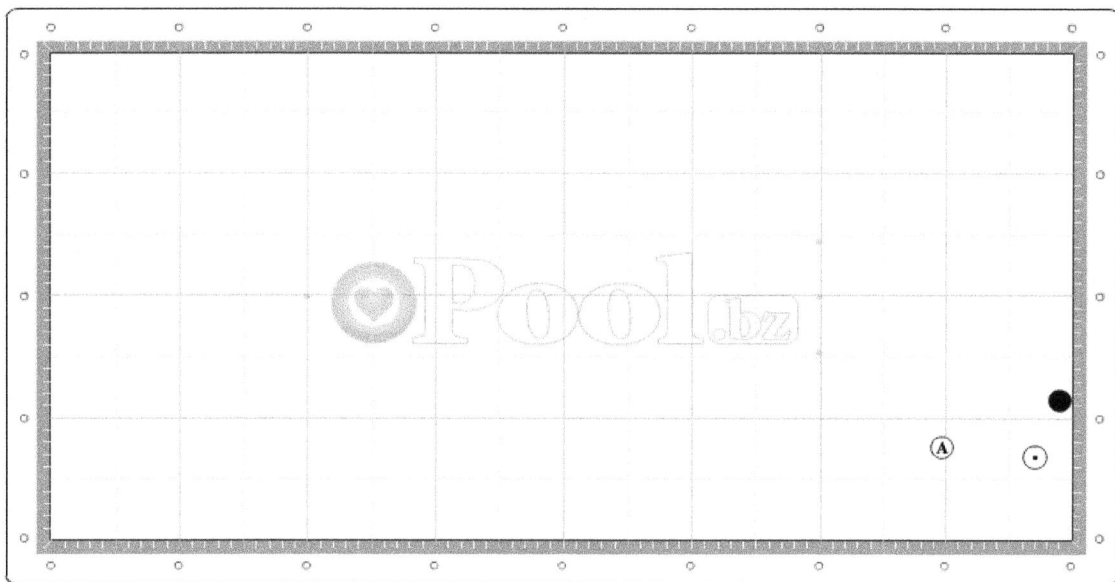

Notes et idées:

Modèle de balle

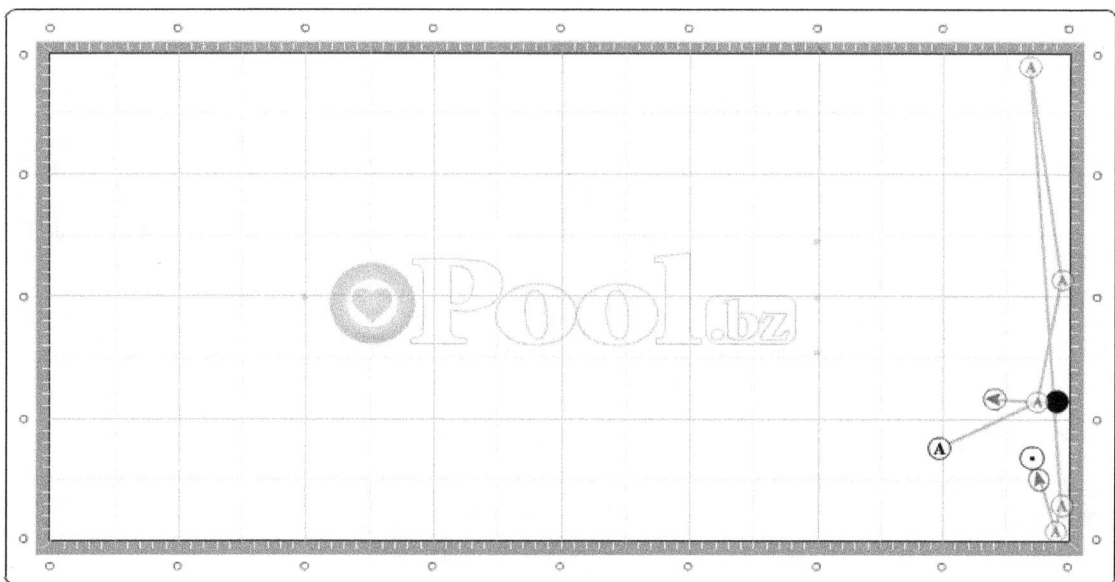

B:3c – Installer

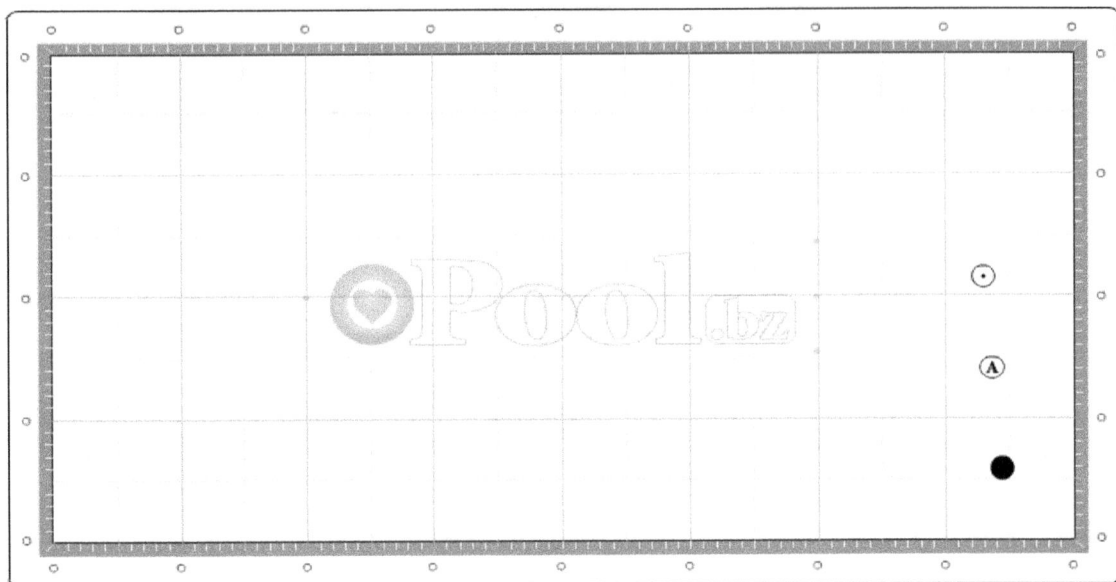

Notes et idées:

Modèle de balle

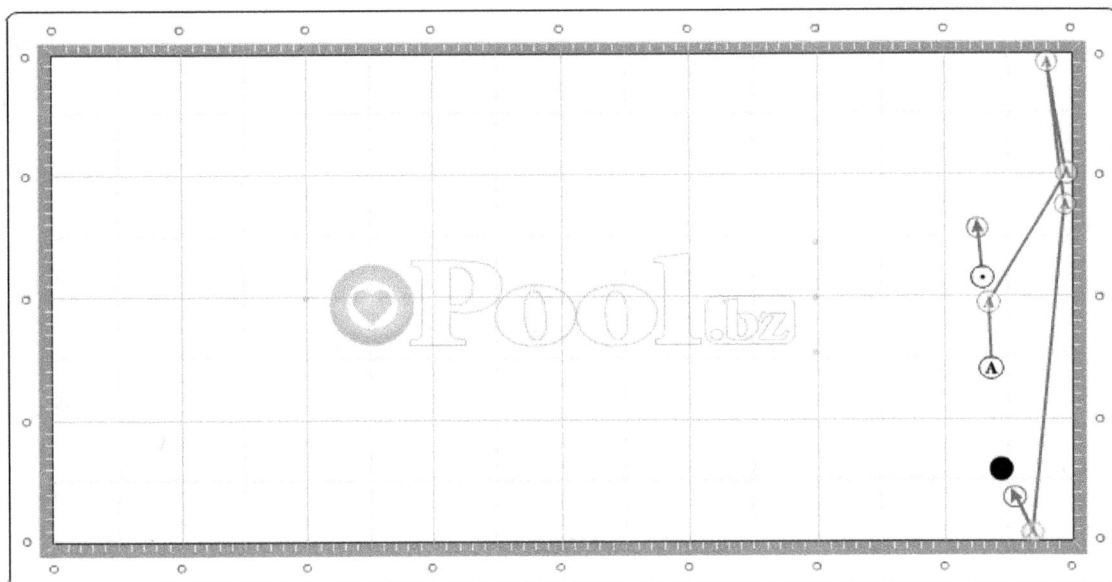

B:3d – Installer

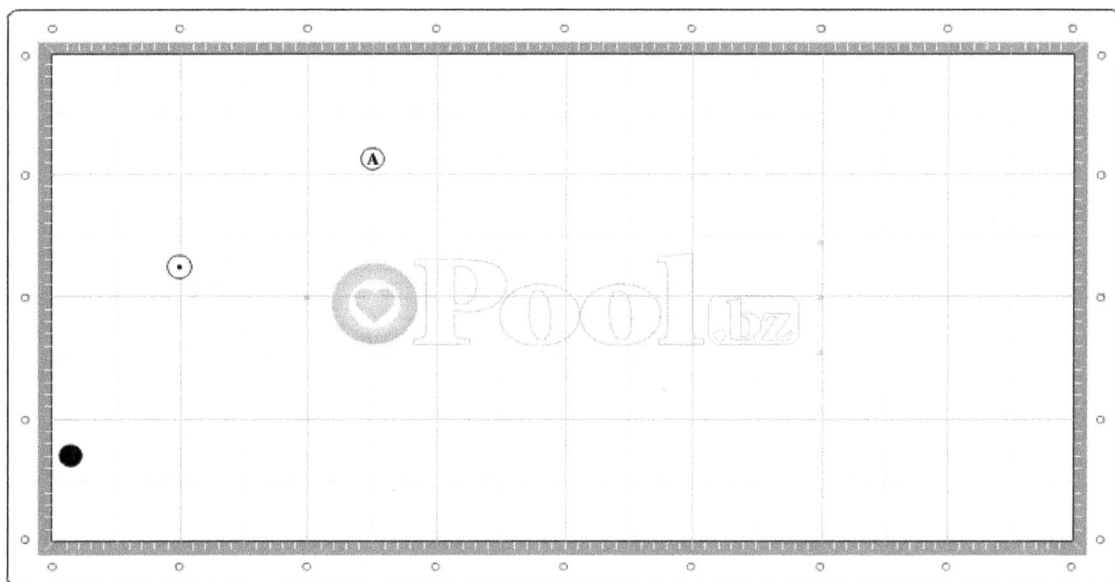

Notes et idées:

Modèle de balle

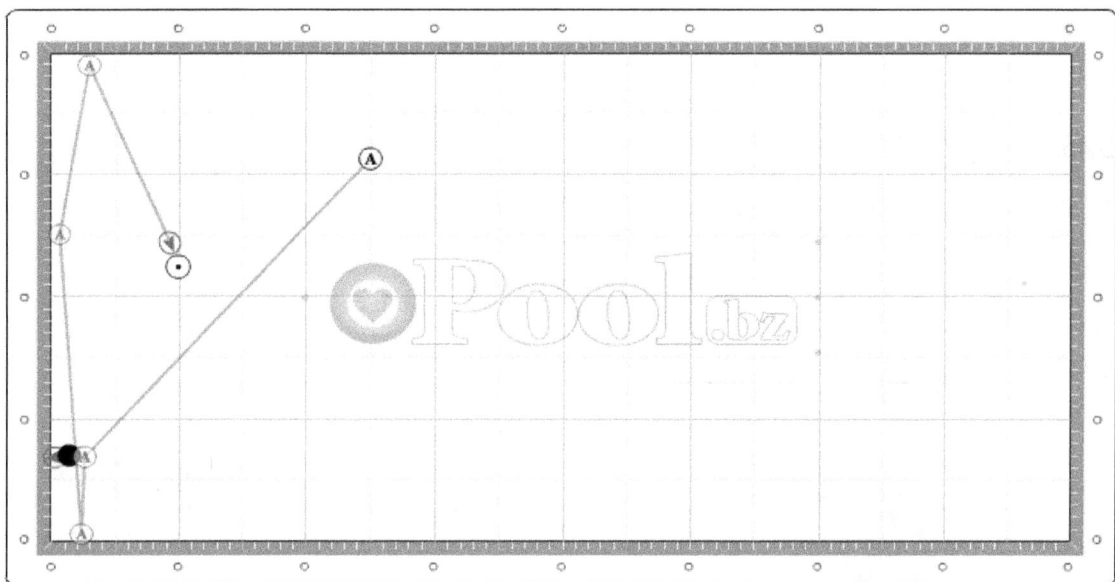

B: Groupe 4

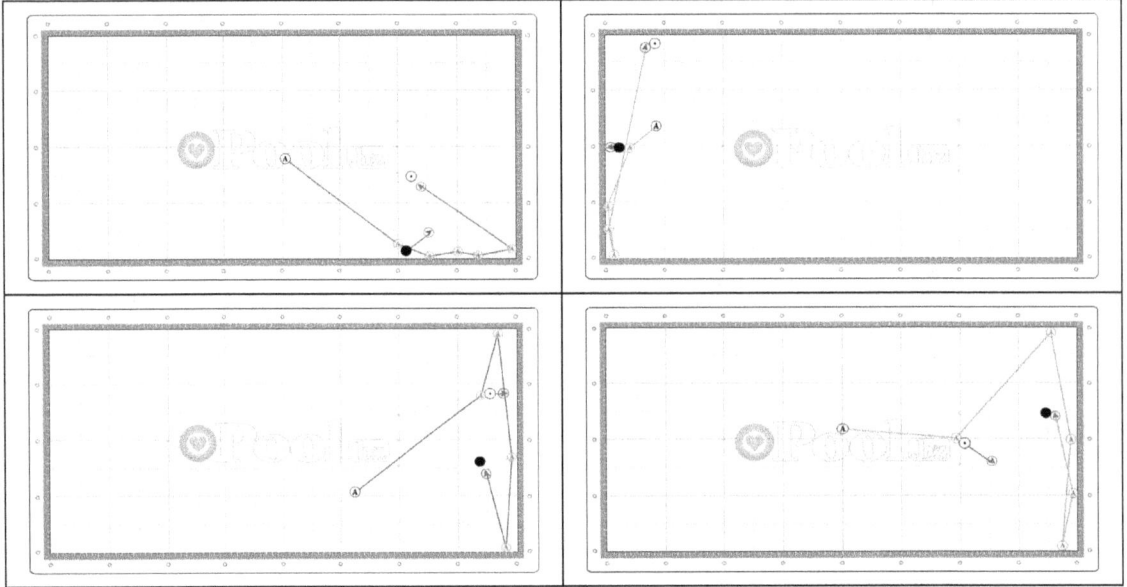

Une analyse:

B:4a. _____

B:4b. _____

B:4c. _____

B:4d. _____

B:4a – Installer

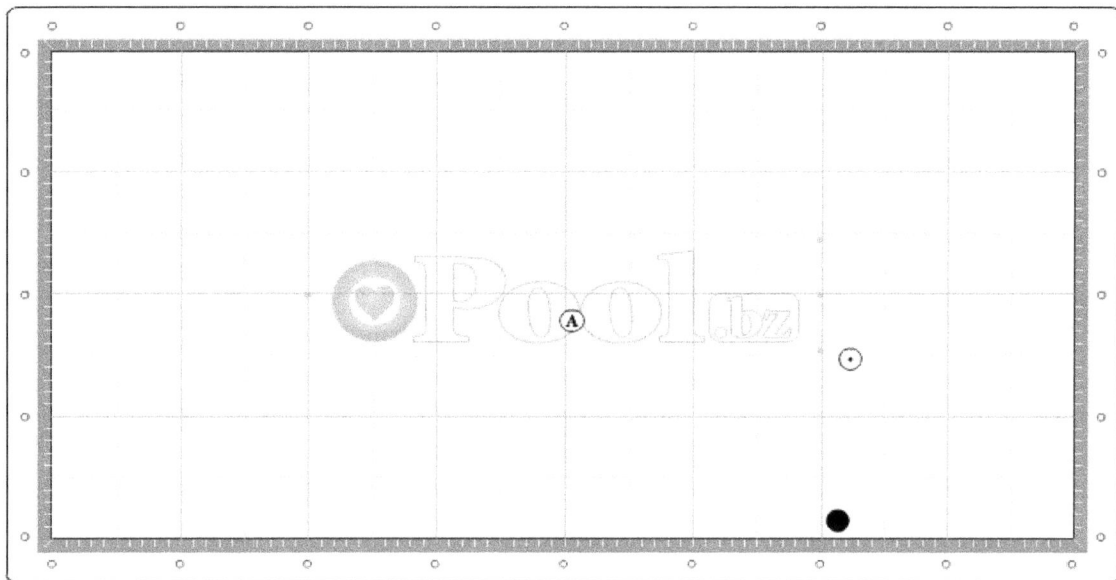

Notes et idées:

Modèle de balle

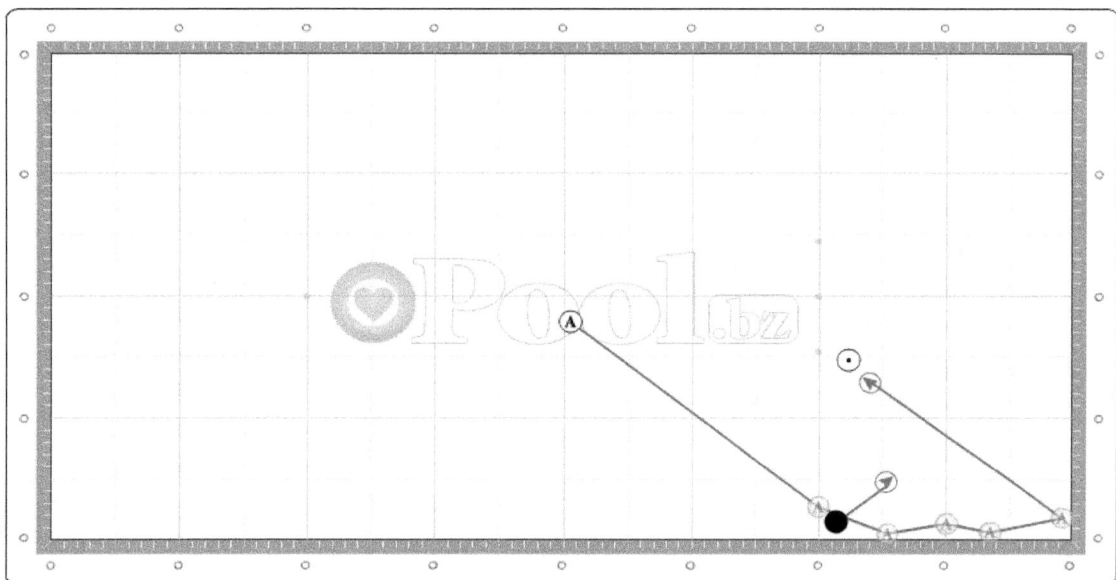

B:4b – Installer

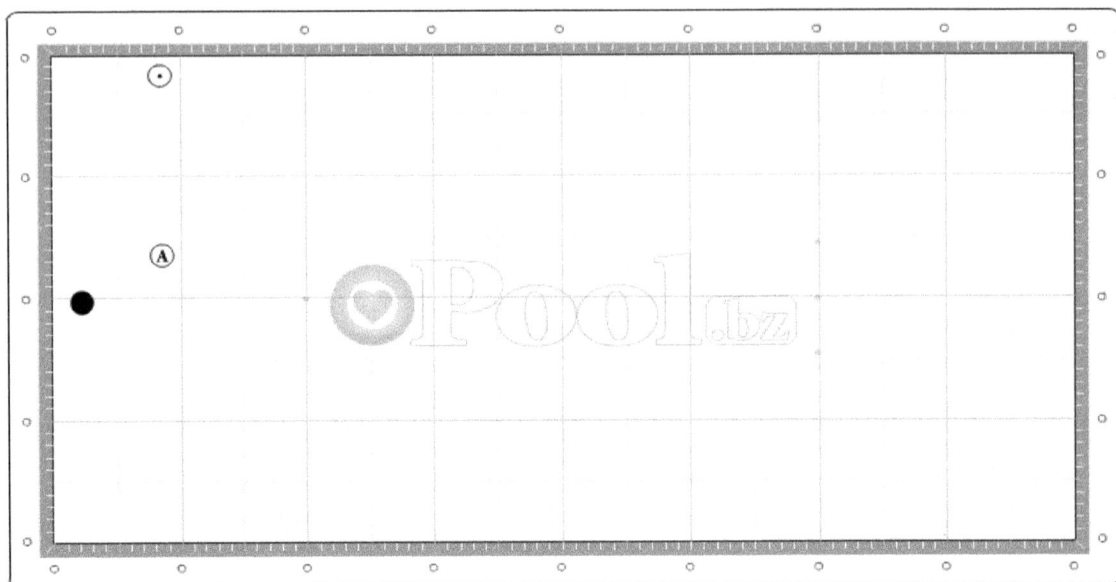

Notes et idées:

Modèle de balle

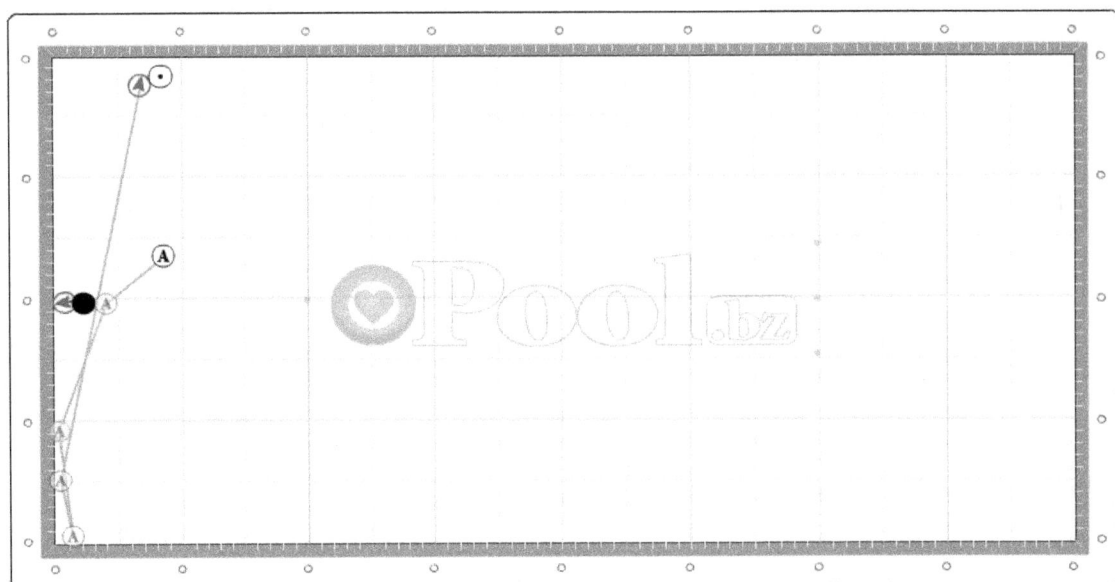

B:4c – Installer

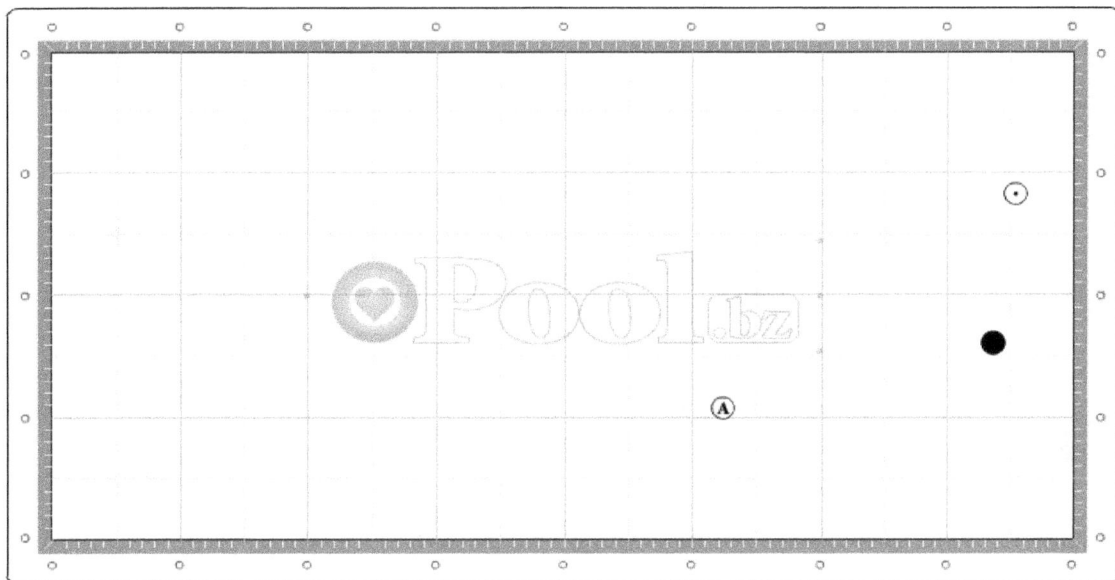

Notes et idées:

Modèle de balle

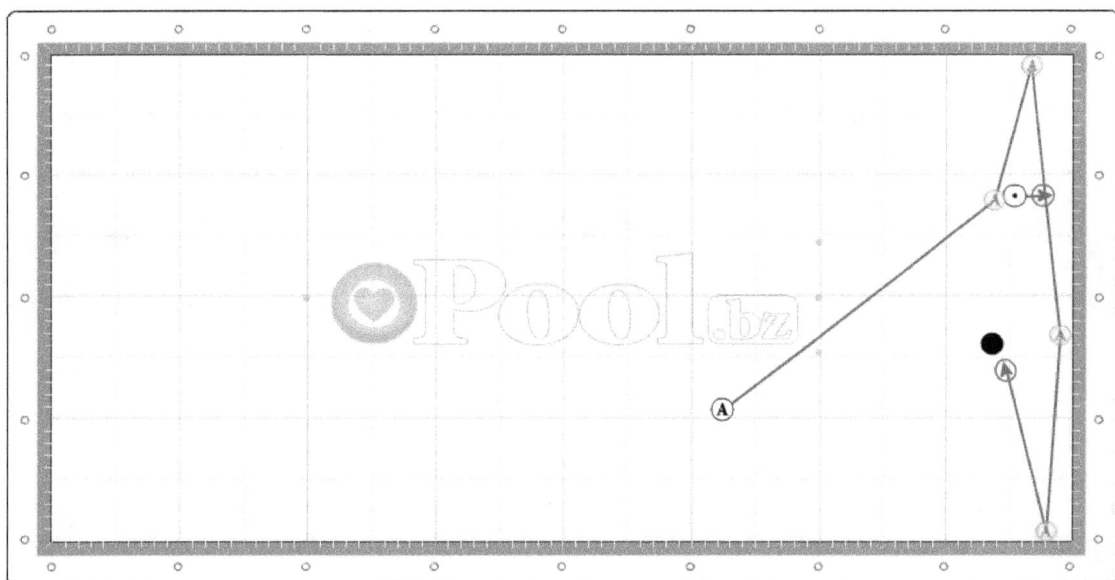

B:4d – Installer

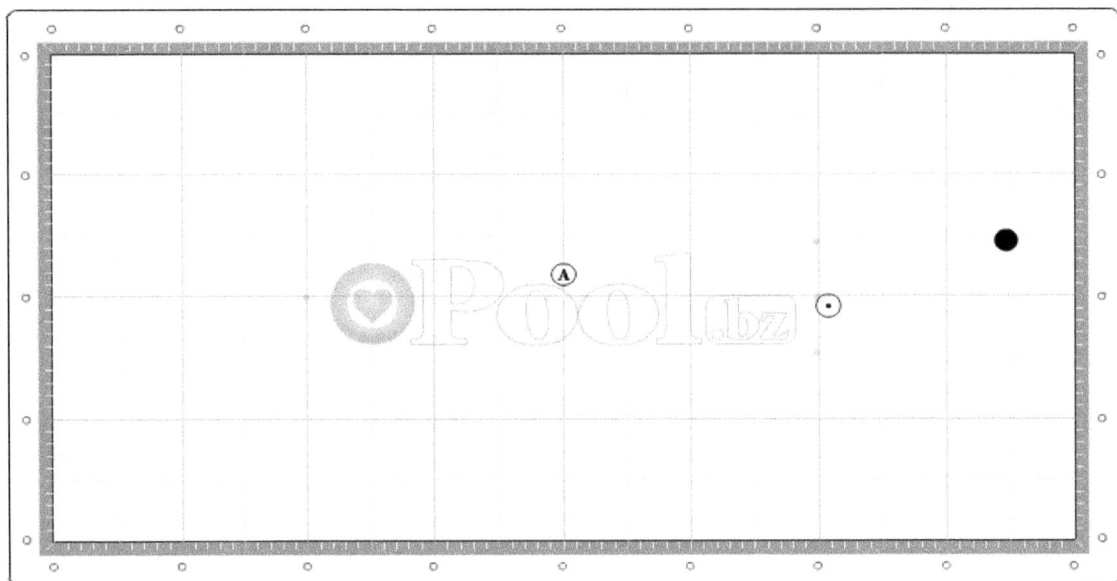

Notes et idées:

Modèle de balle

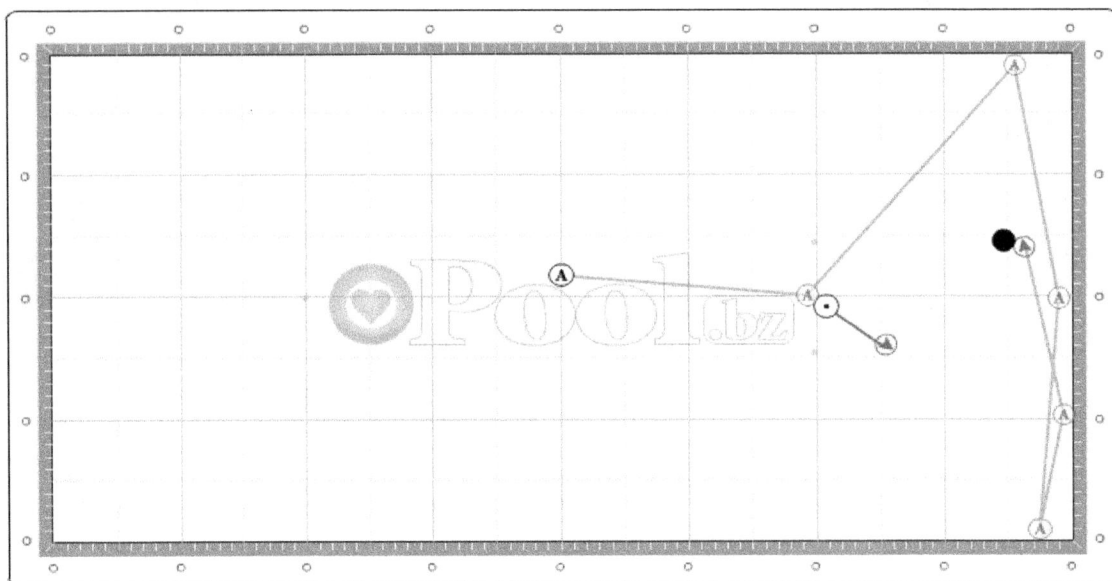

C: Zigging et Zagging

Le (CB) doit aller et venir, côte à côte, plusieurs fois. Ce sont beaucoup de plaisir à expérimenter.

(A) (CB) (votre balle) - ⊙ (OB) (balle de l'adversaire) – ⬤ (OB) Balle rouge

C: Groupe 1

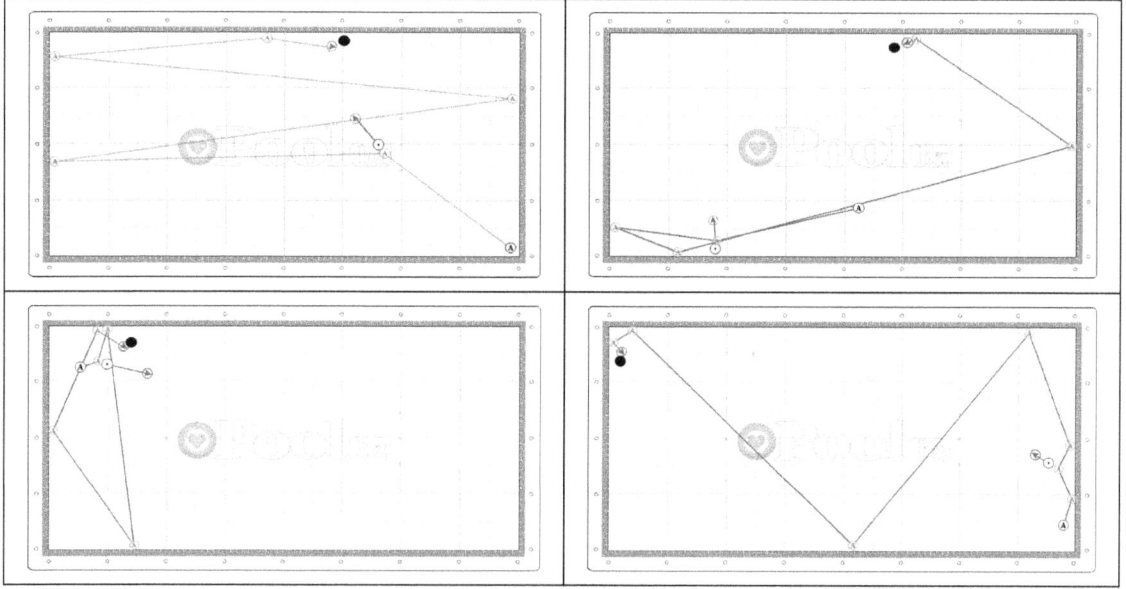

Une analyse:

C:1a. _____

C:1b. _____

C:1c. _____

C:1d. _____

C:1a – Installer

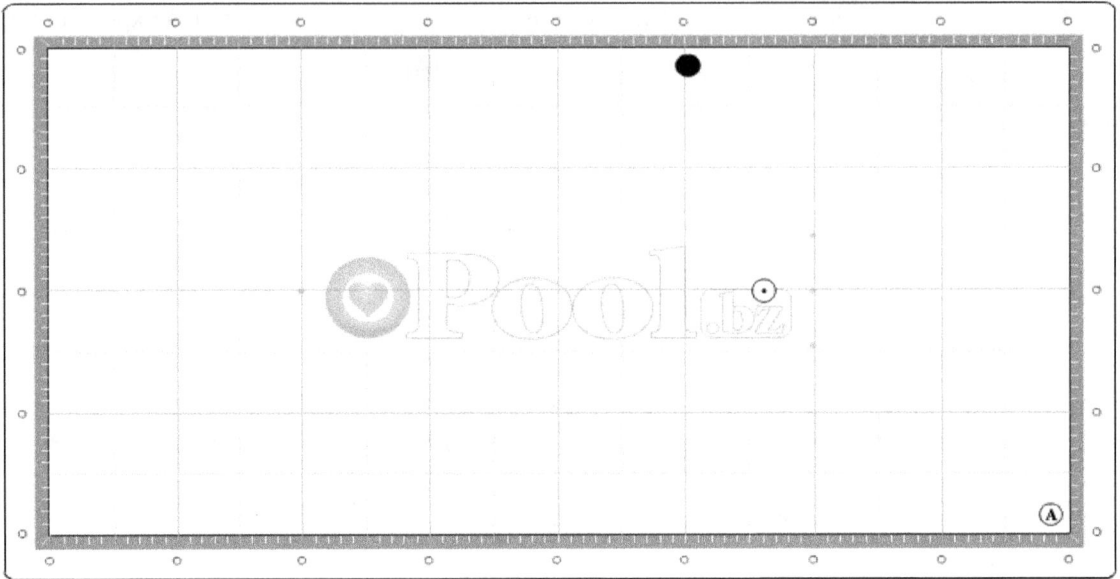

Notes et idées:

Modèle de balle

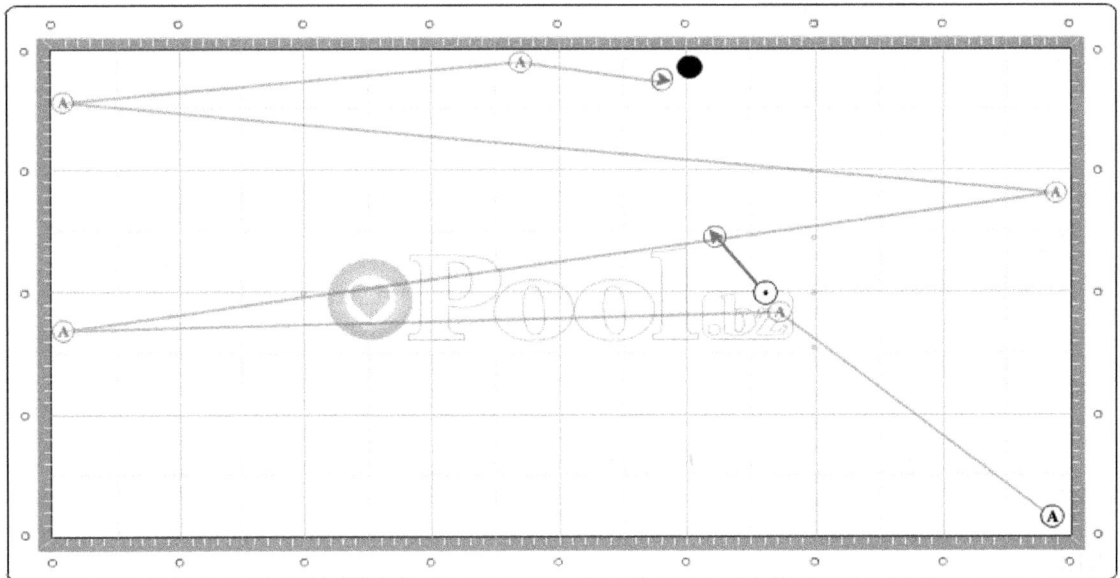

C:1b – Installer

Notes et idées:

Modèle de balle

C:1c – Installer

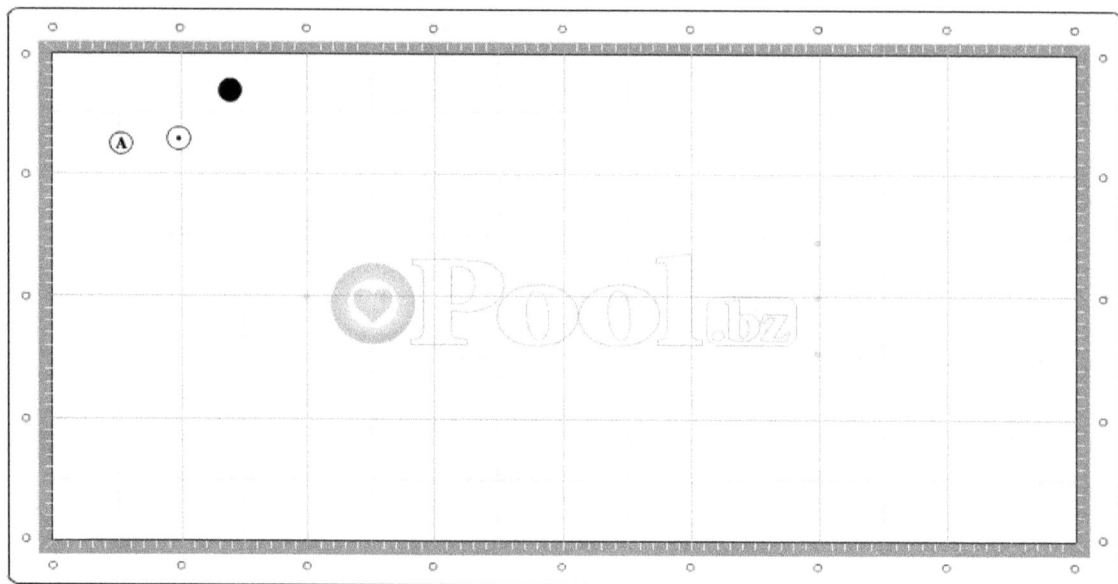

Notes et idées:

Modèle de balle

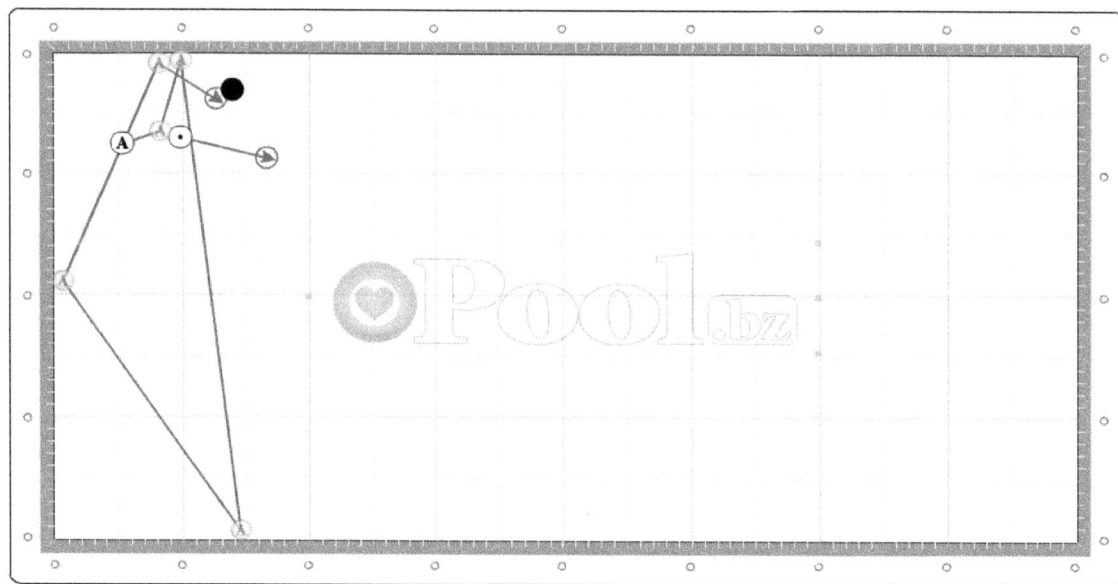

C:1d – Installer

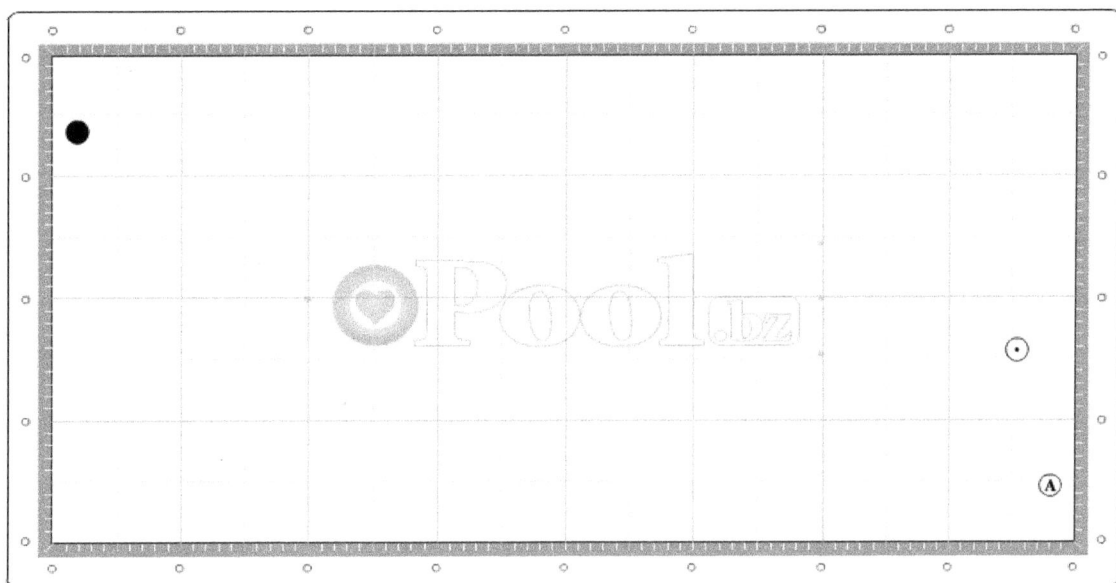

Notes et idées:

Modèle de balle

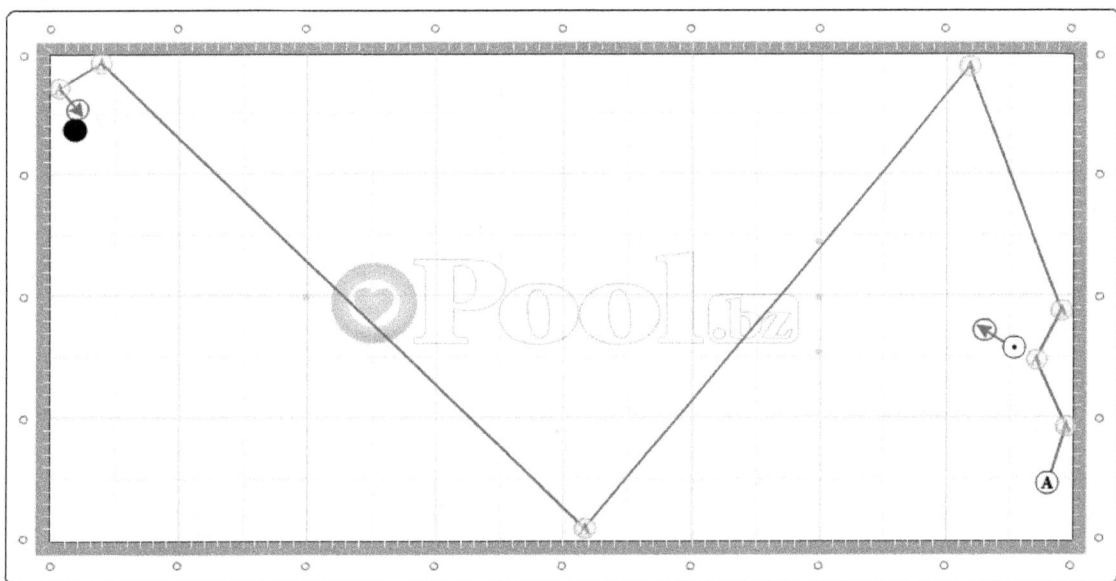

C: Groupe 2

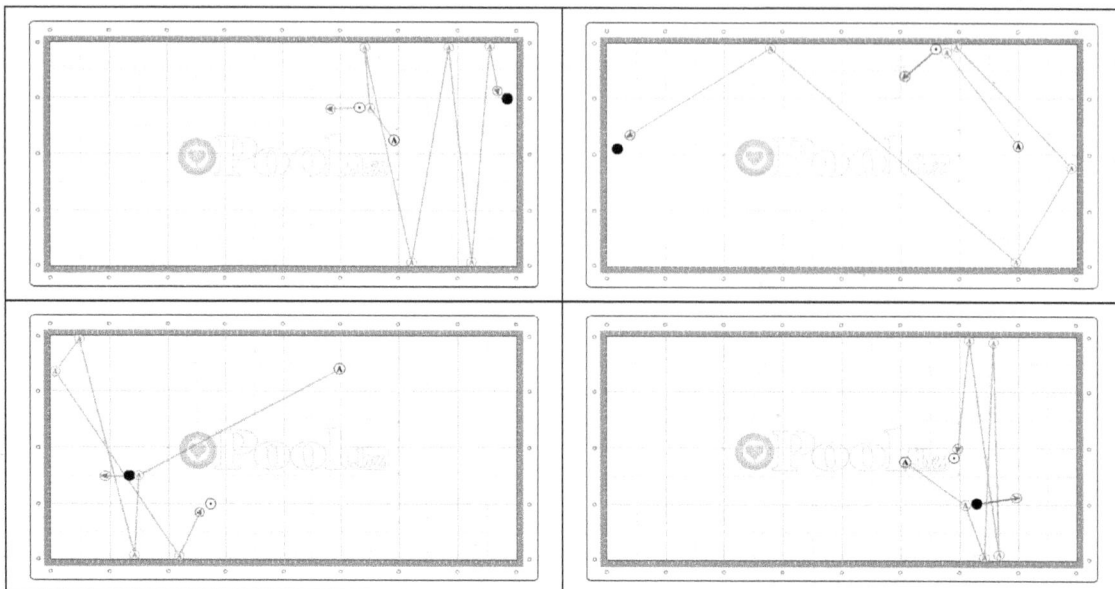

Une analyse:

C:2a. _____

C:2b. _____

C:2c. _____

C:2d. _____

C:2a – Installer

Notes et idées:

Modèle de balle

C:2b – Installer

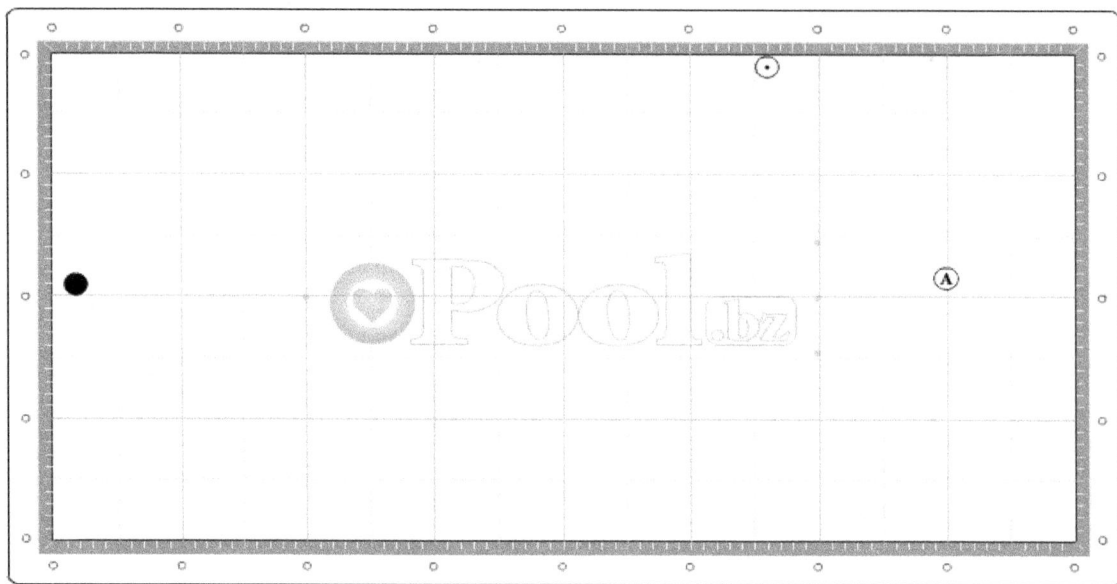

Notes et idées:

Modèle de balle

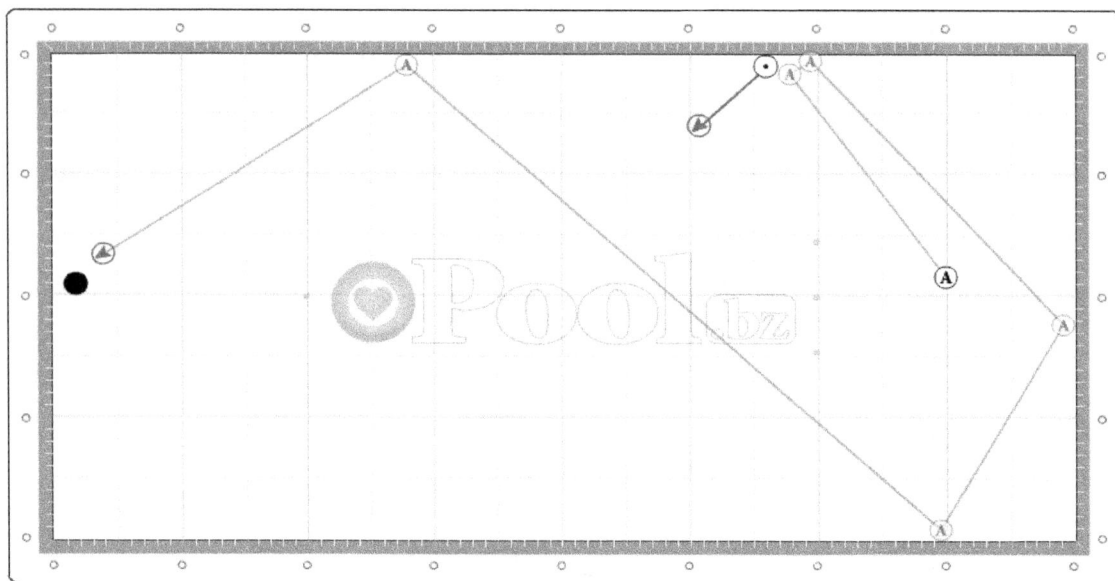

C:2c – Installer

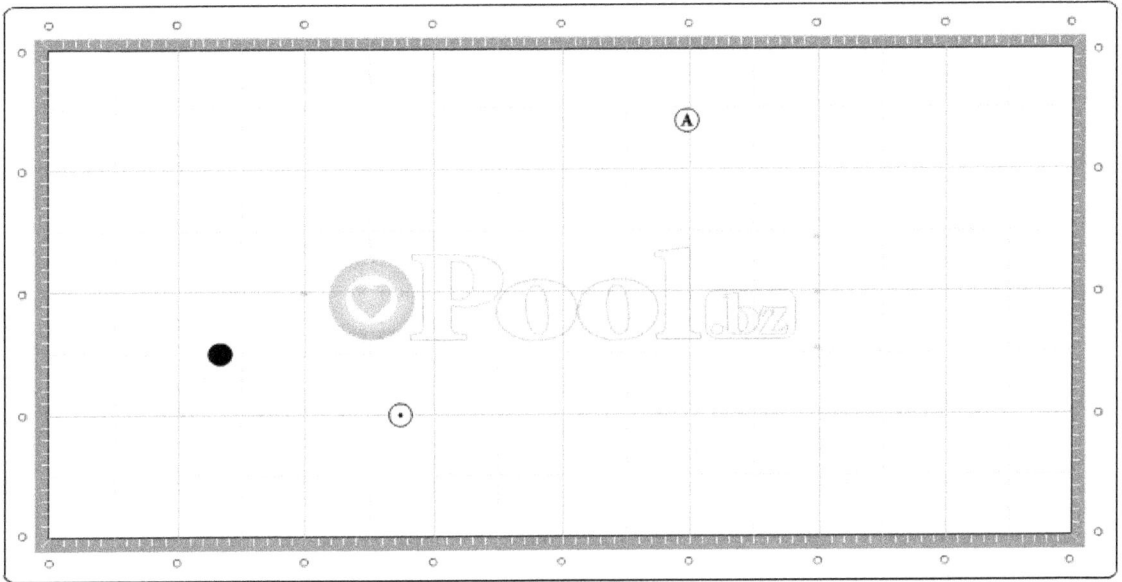

Notes et idées:

Modèle de balle

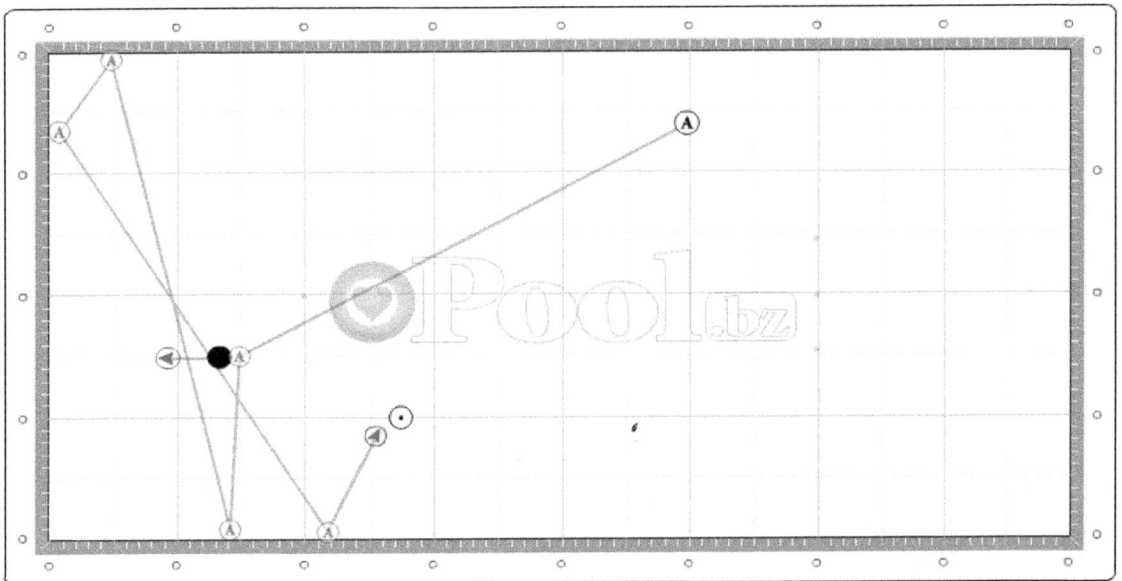

C:2d – Installer

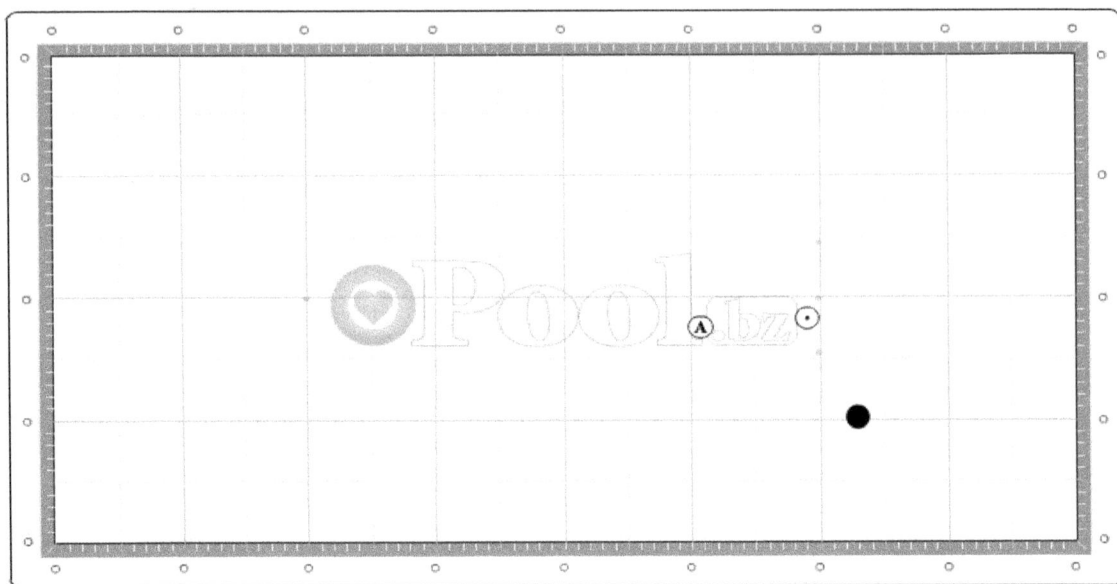

Notes et idées:

Modèle de balle

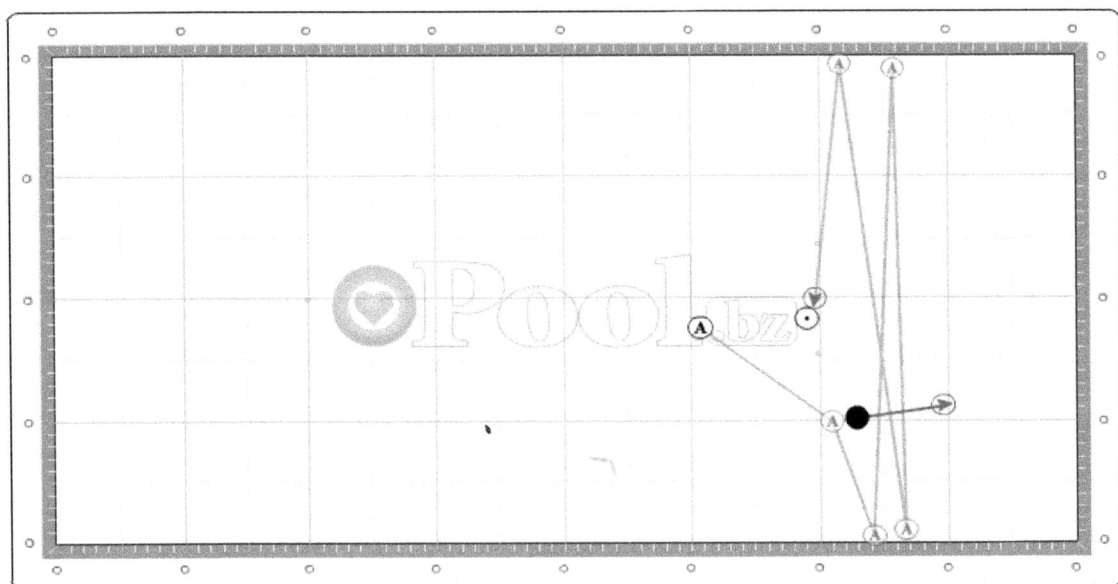

D: Beaucoup de bandas supplémentaires

Le (CB) voyage autour de nombreux bandas.

(A) (CB) (votre balle) - (⊙) (OB) (balle de l'adversaire) – ● (OB) Balle rouge

D: Groupe 1

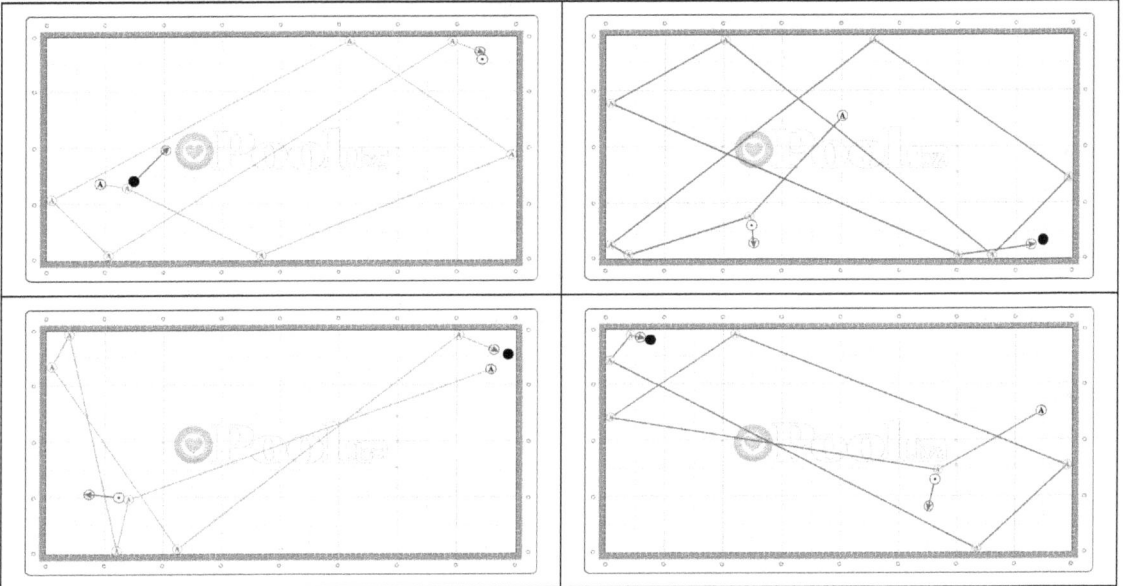

Une analyse:

D:1a. _____

D:1b. _____

D:1c. _____

D:1d. _____

D:1a – Installer

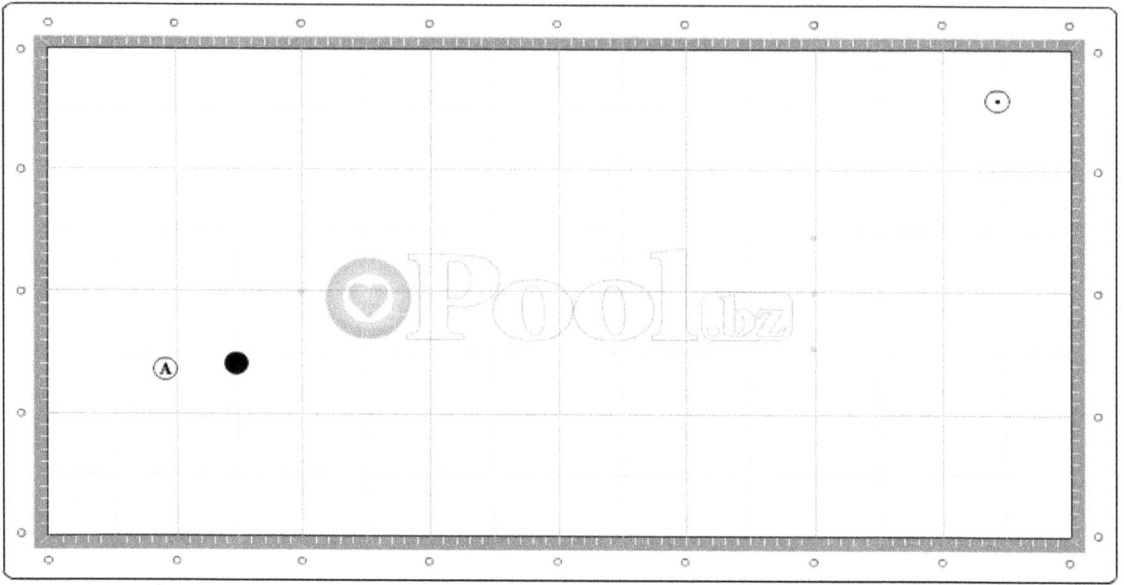

Notes et idées:

Modèle de balle

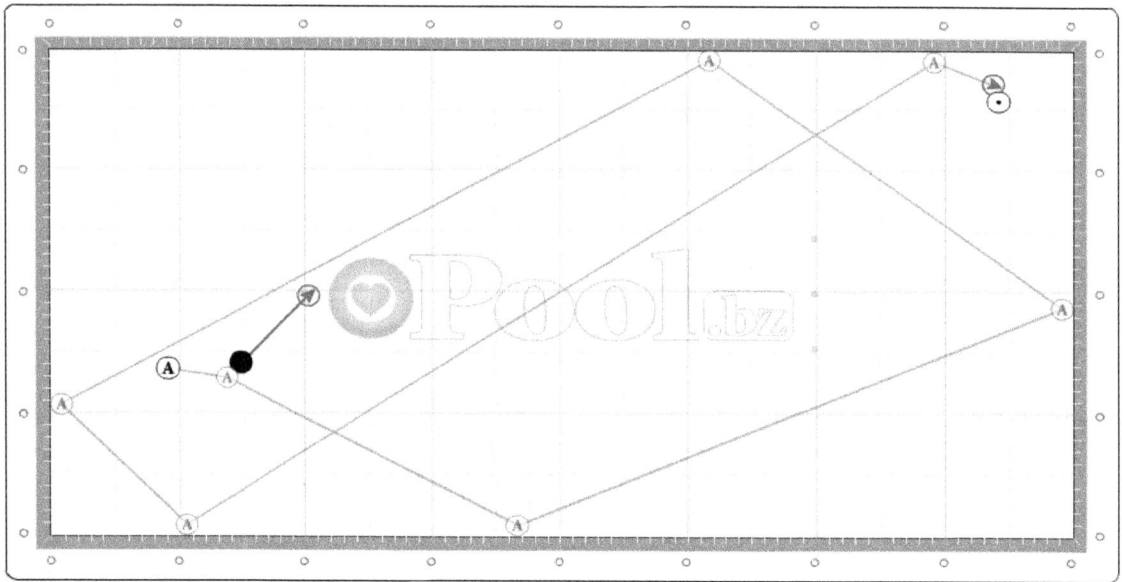

D:1b – Installer

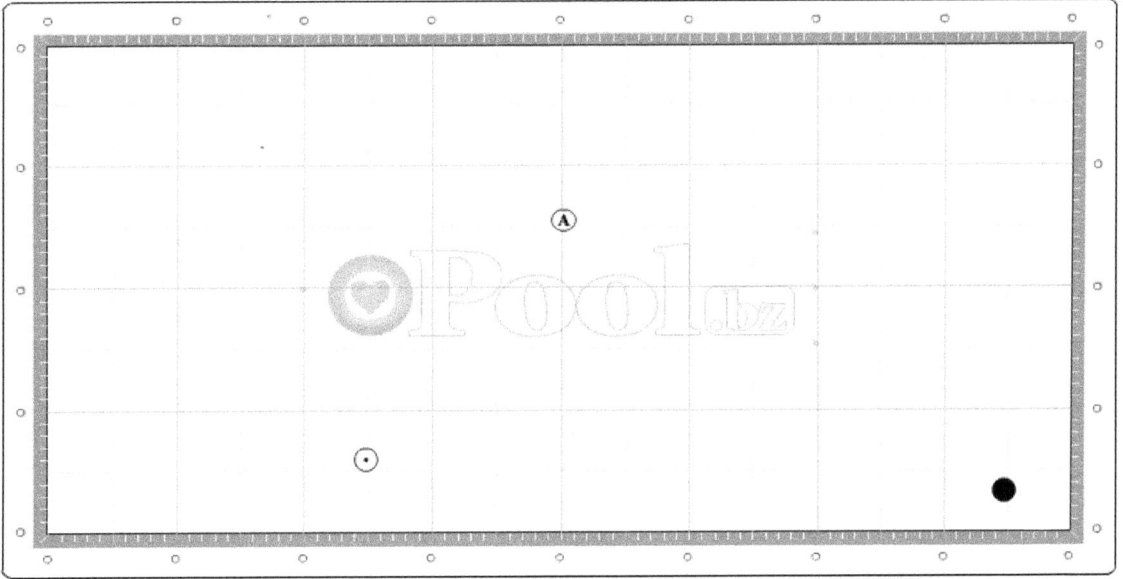

Notes et idées:

Modèle de balle

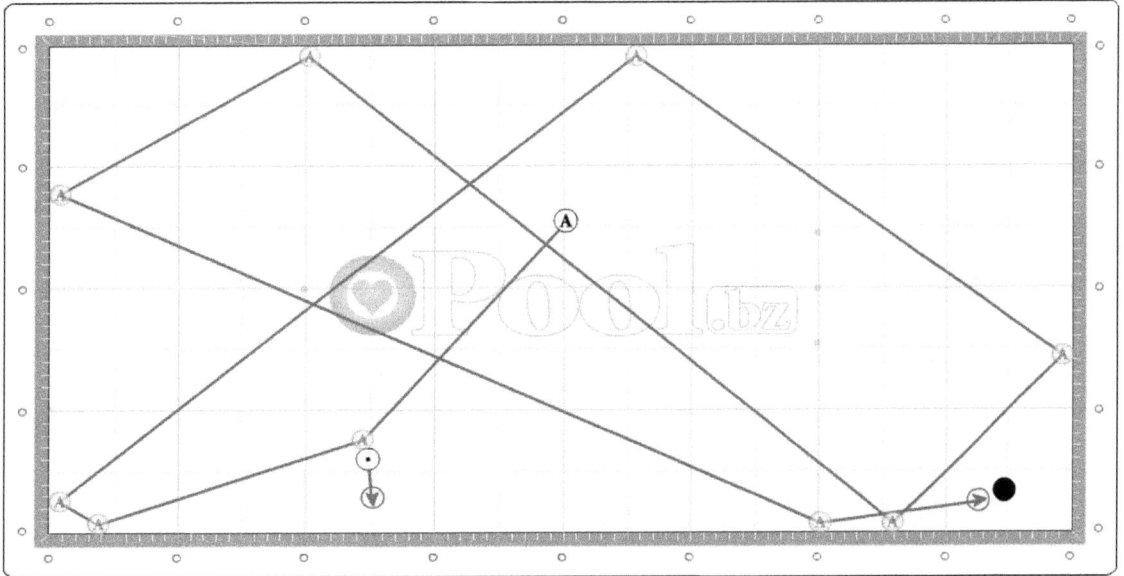

D:1c – Installer

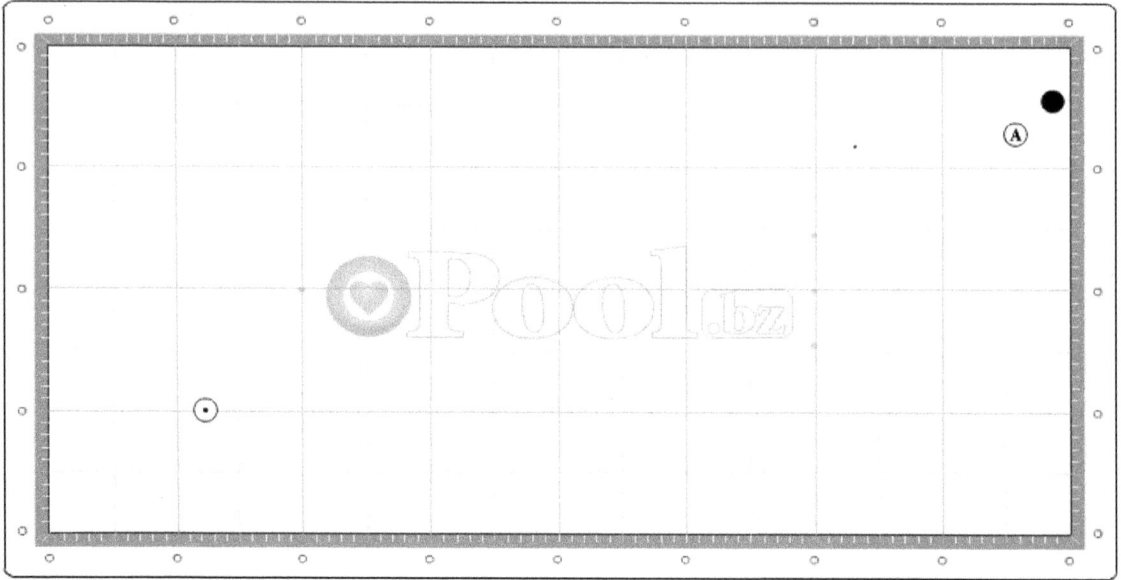

Notes et idées:

Modèle de balle

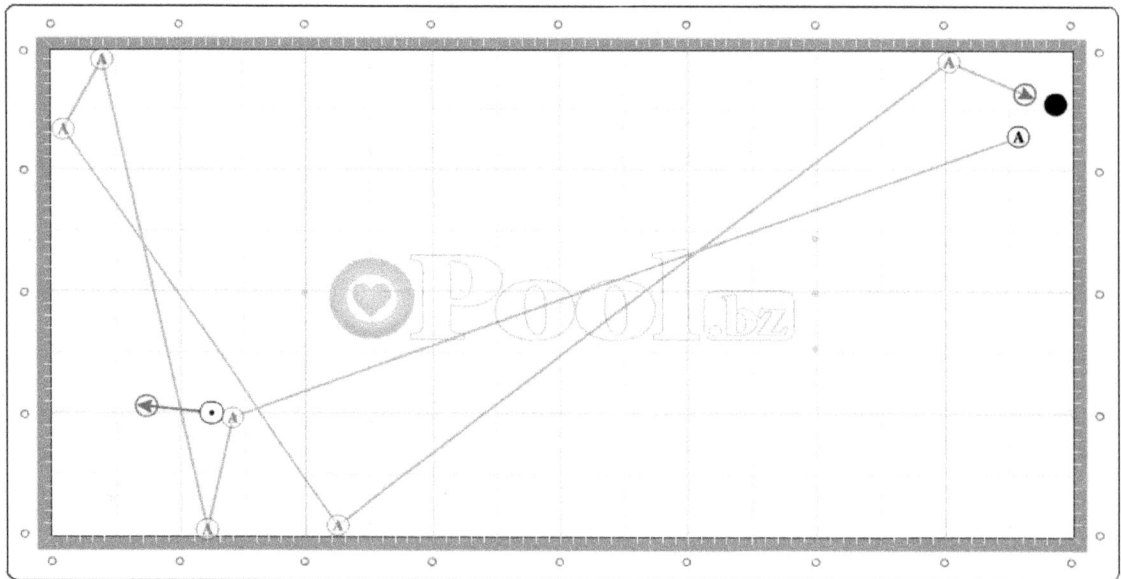

D:1d – Installer

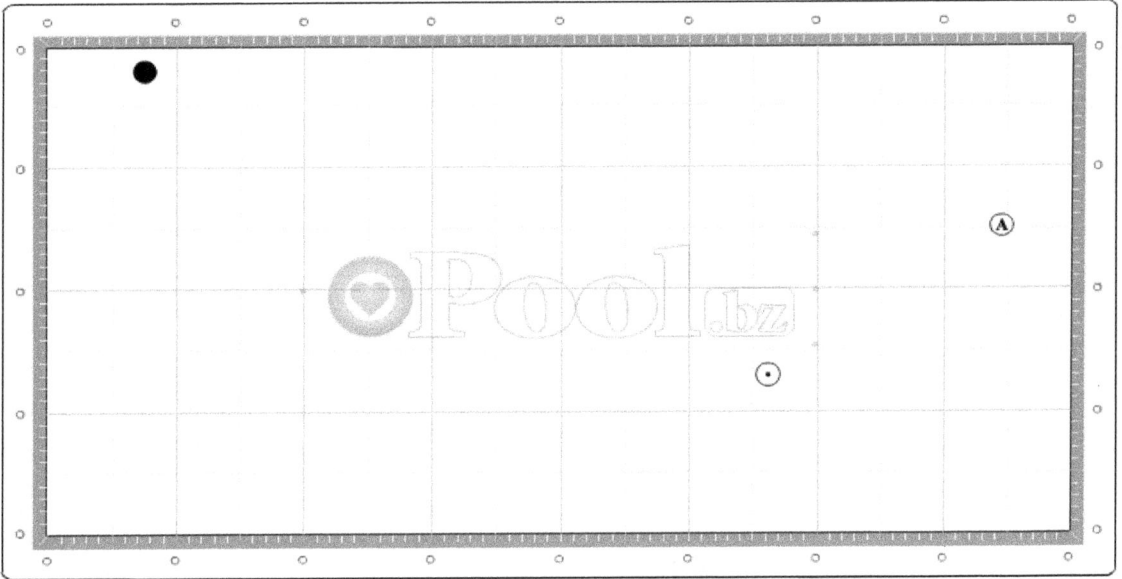

Notes et idées:

Modèle de balle

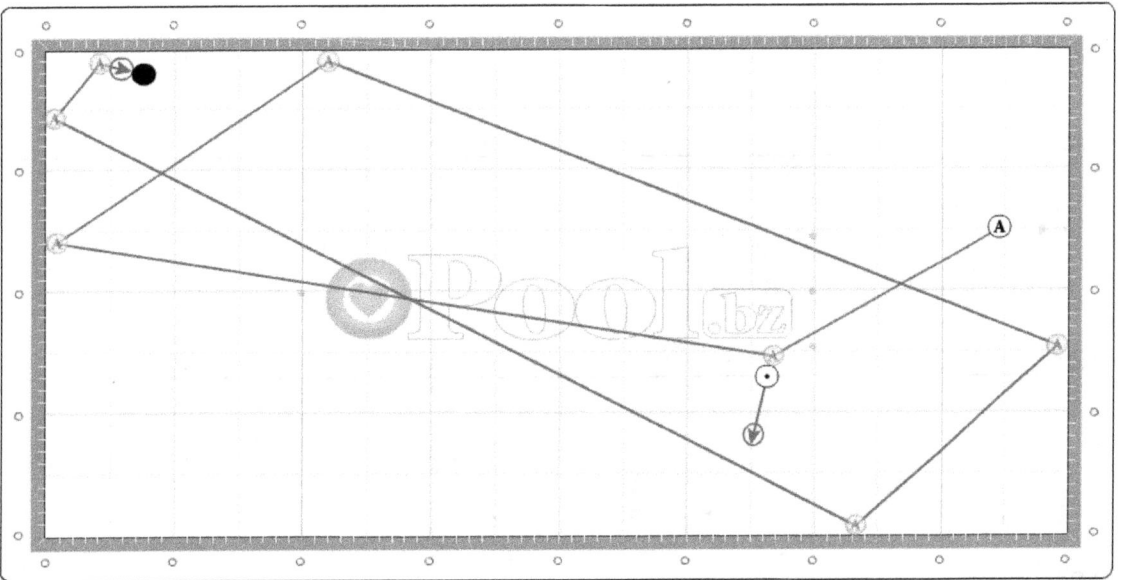

D: Groupe 2

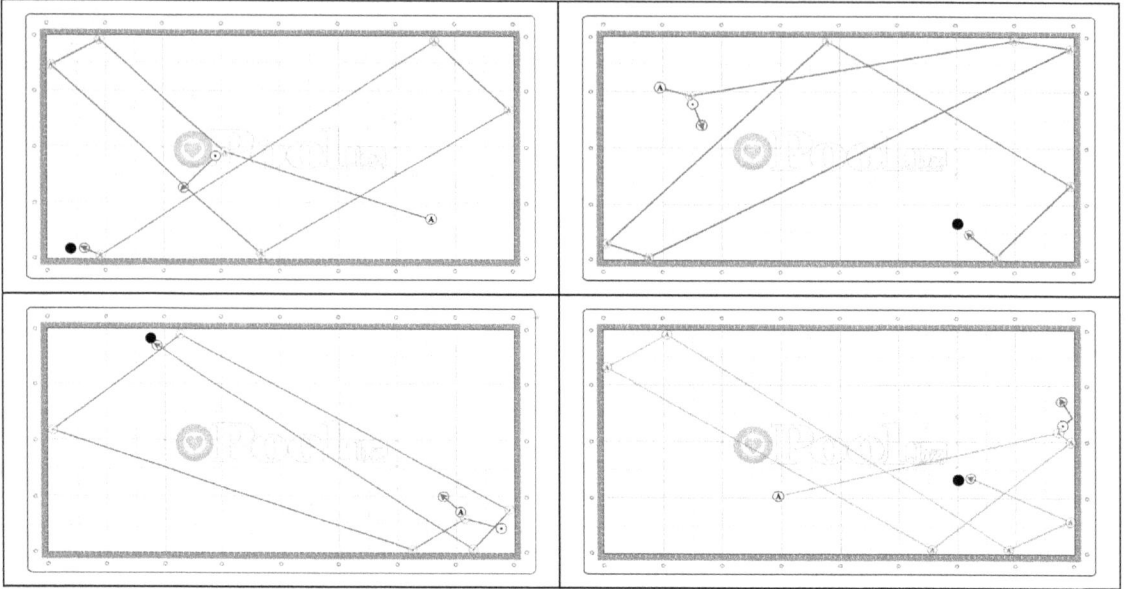

Une analyse:

D:2a. _____

D:2b. _____

D:2c. _____

D:2d. _____

D:2a – Installer

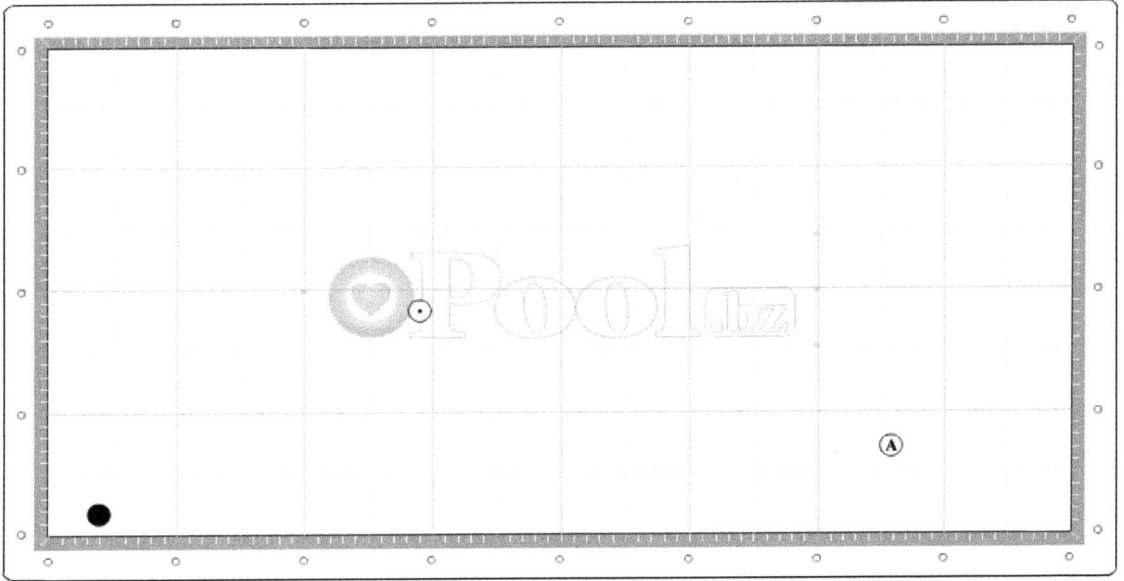

Notes et idées:

Modèle de balle

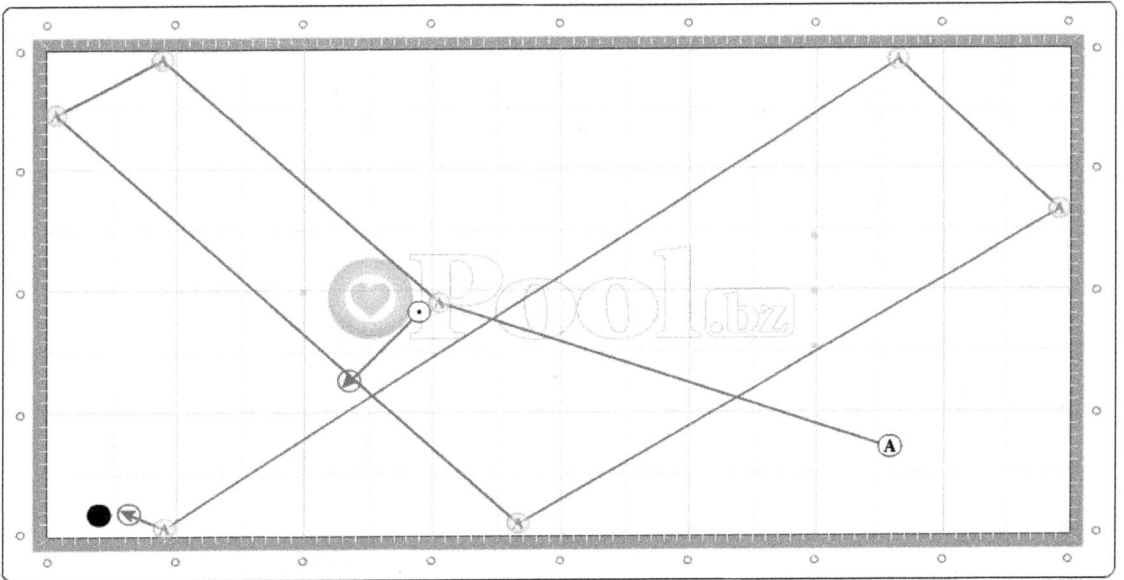

D:2b – Installer

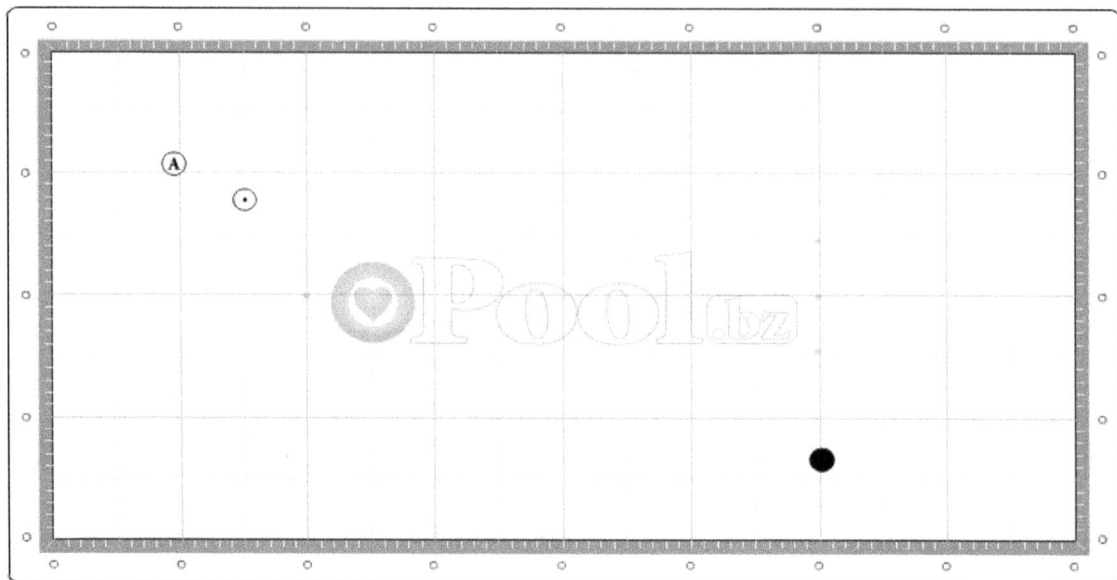

Notes et idées:

Modèle de balle

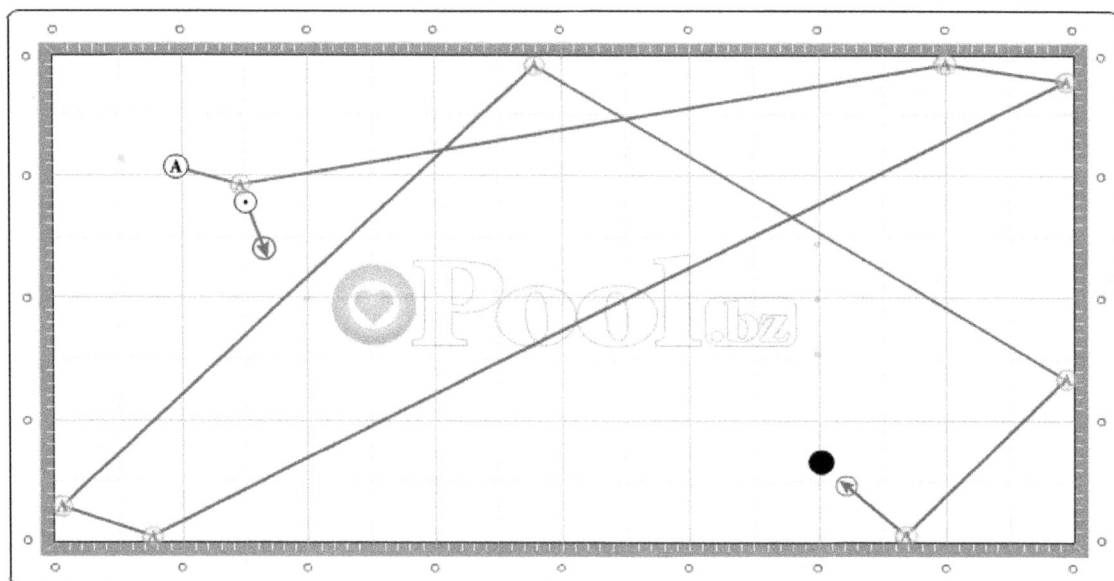

D:2c – Installer

Notes et idées:

Modèle de balle

D:2d – Installer

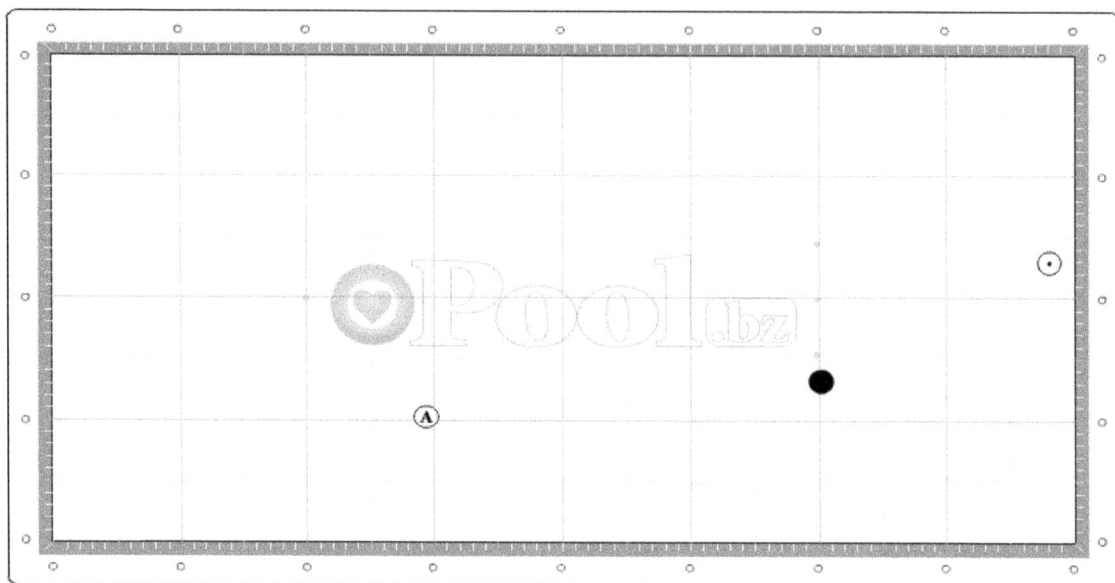

Notes et idées:

Modèle de balle

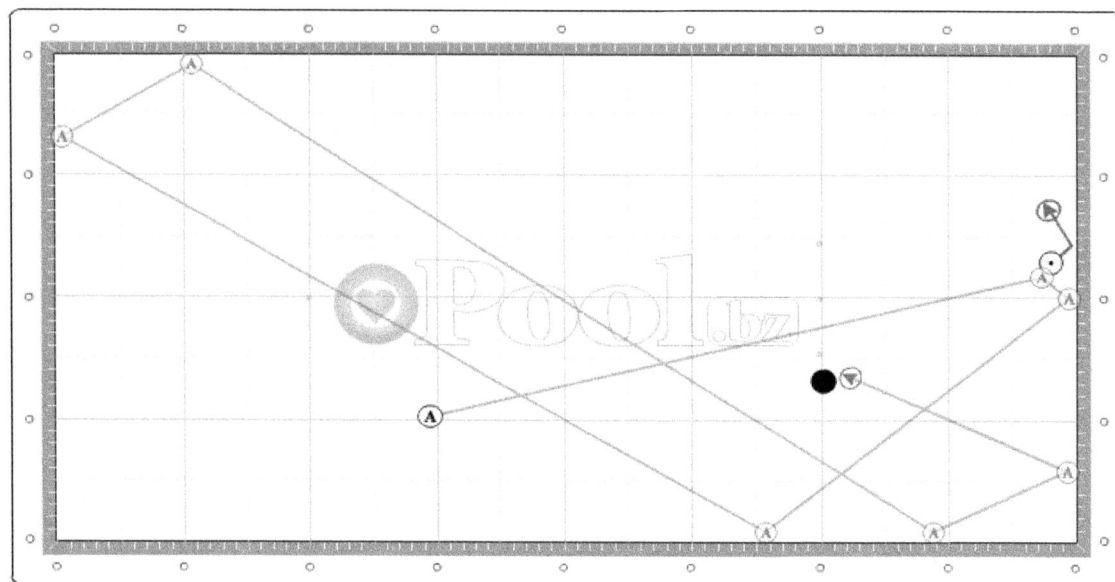

D: Groupe 3

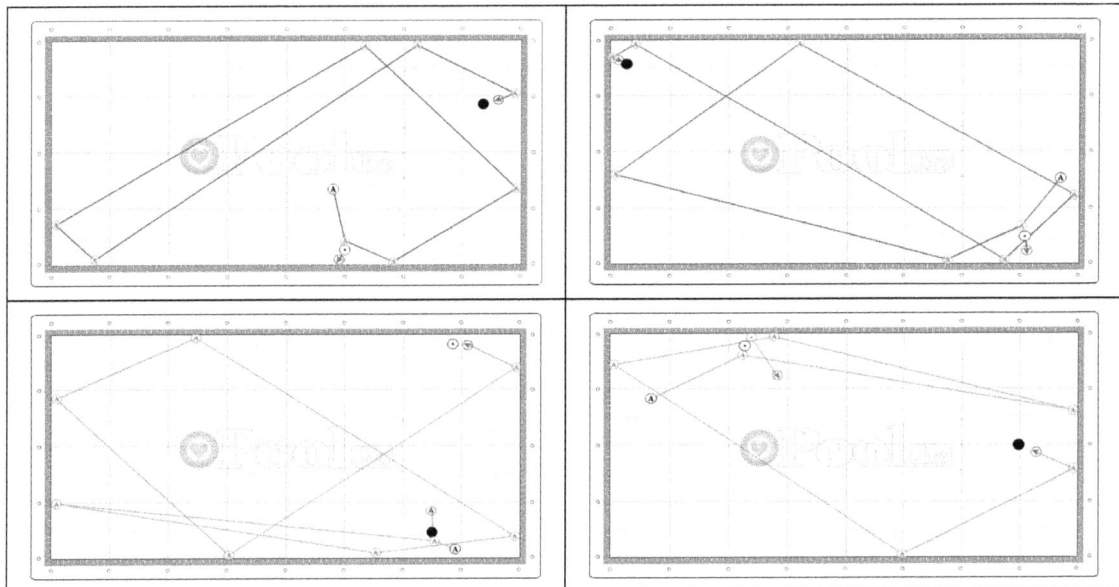

Une analyse:

D:3a. _____

D:3b. _____

D:3c. _____

D:3d. _____

D:3a – Installer

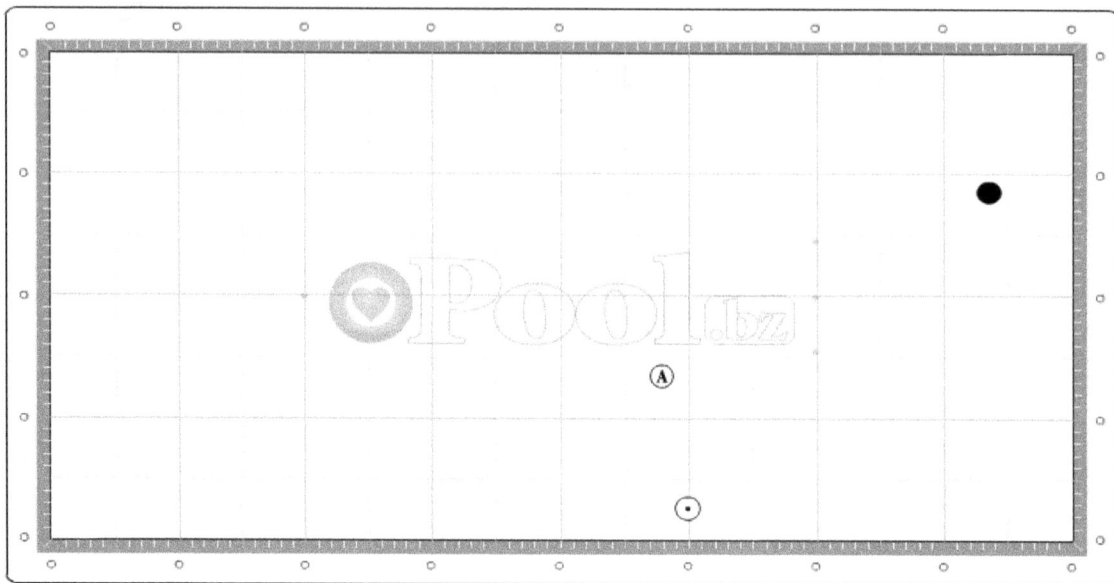

Notes et idées:

Modèle de balle

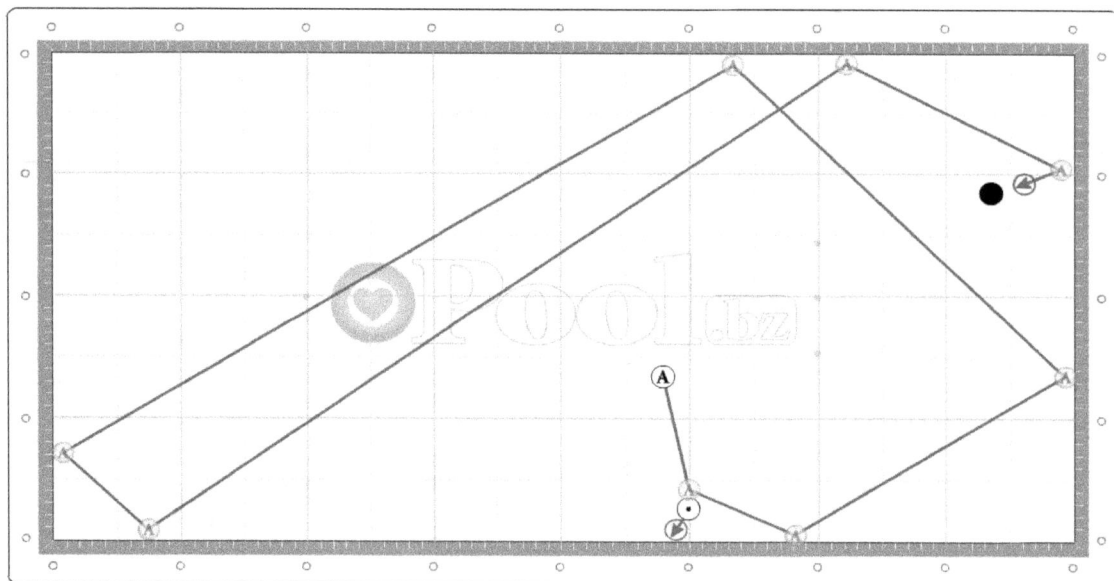

D:3b – Installer

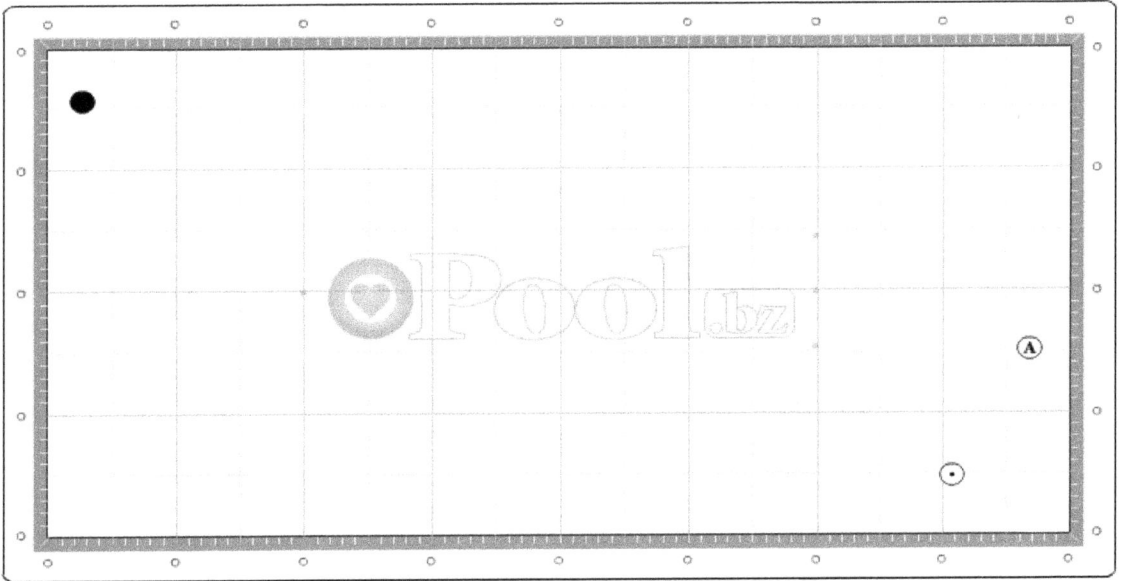

Notes et idées:

Modèle de balle

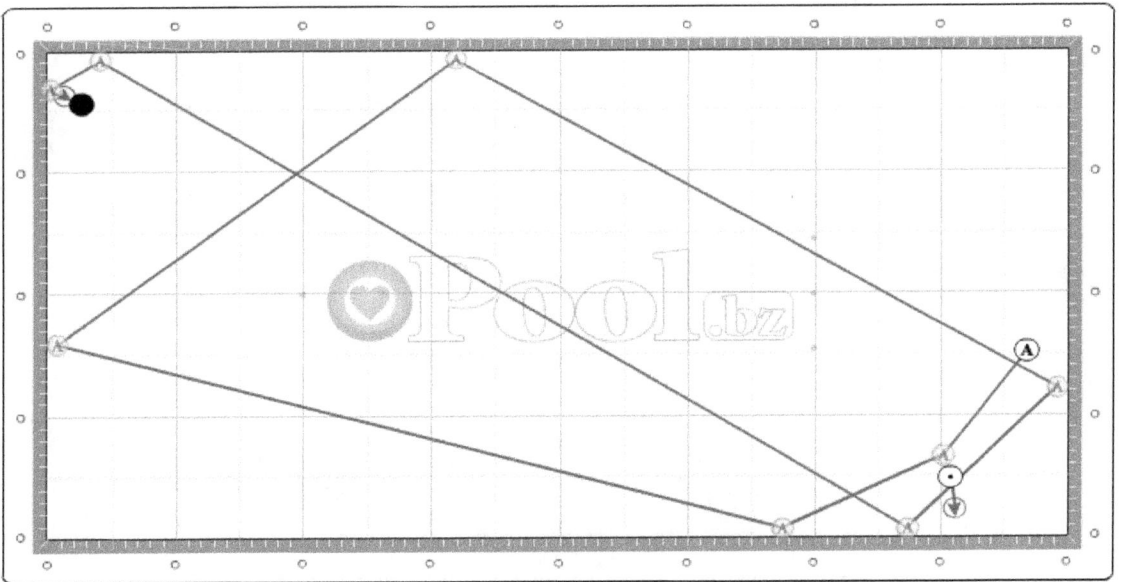

D:3c – Installer

Notes et idées:

Modèle de balle

D:3d – Installer

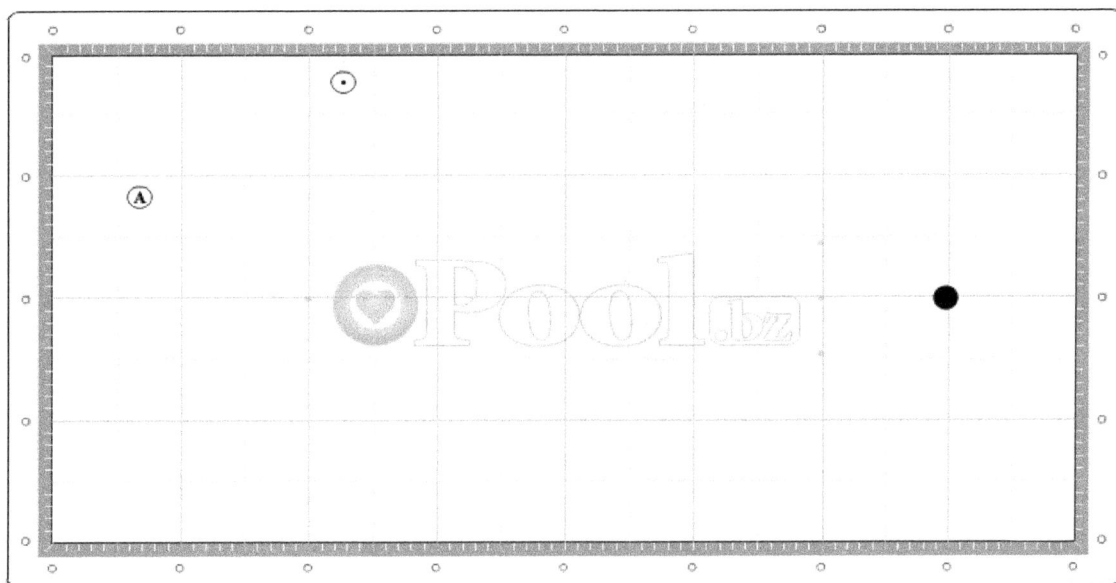

Notes et idées:

Modèle de balle

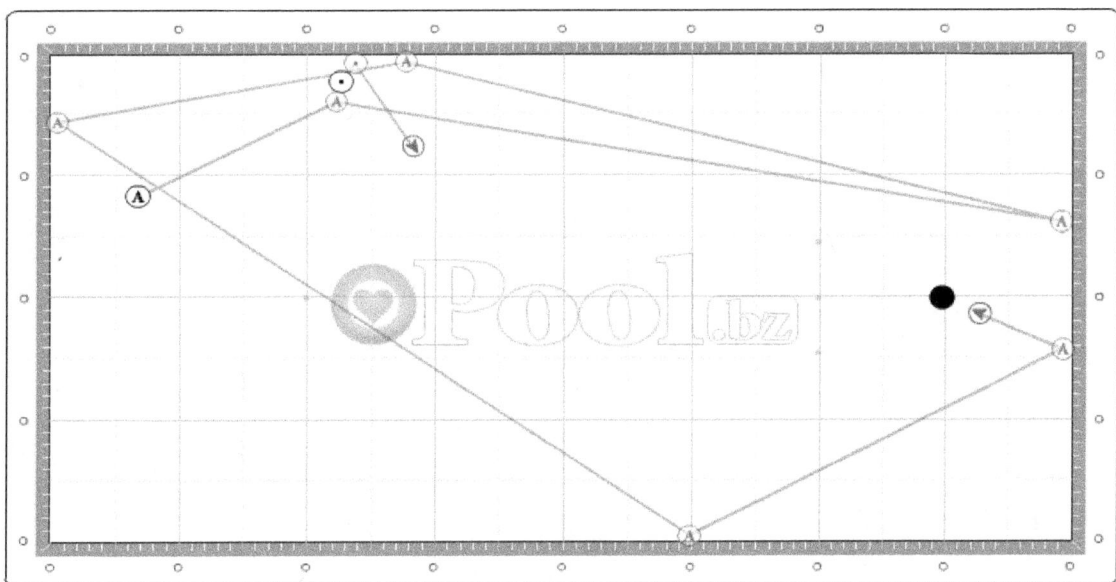

D: Groupe 4

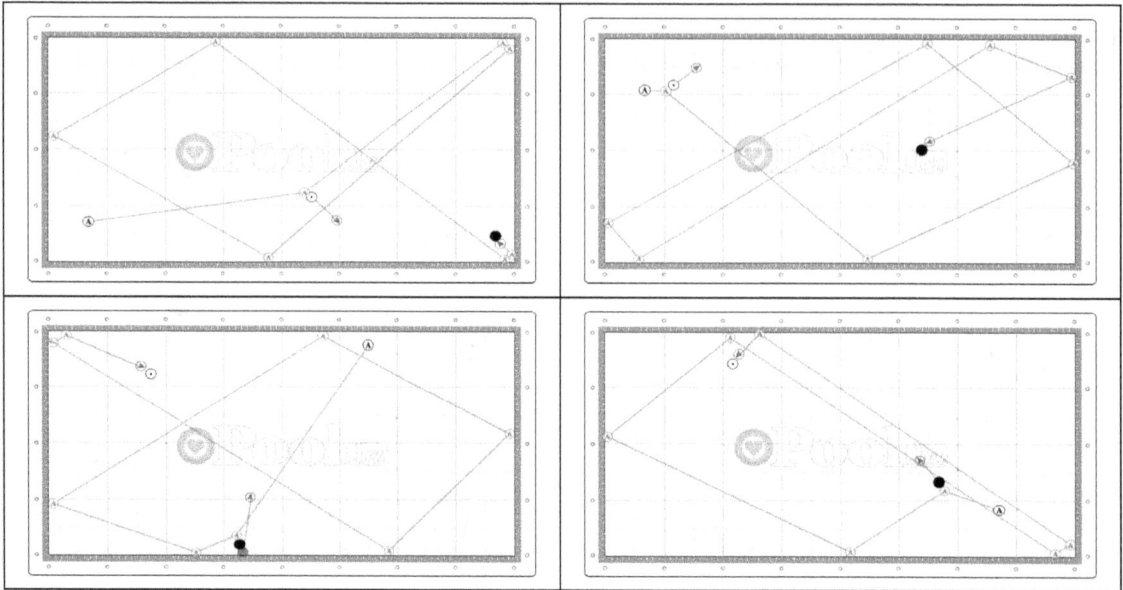

Une analyse:

D:4a. _____

D:4b. _____

D:4c. _____

D:4d. _____

D:4a – Installer

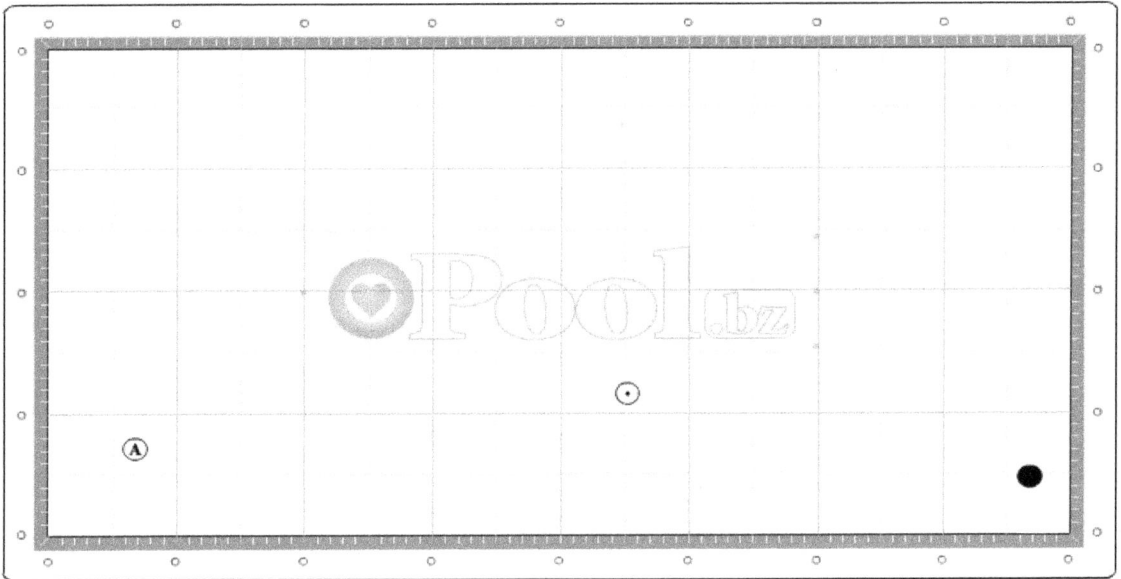

Notes et idées:

Modèle de balle

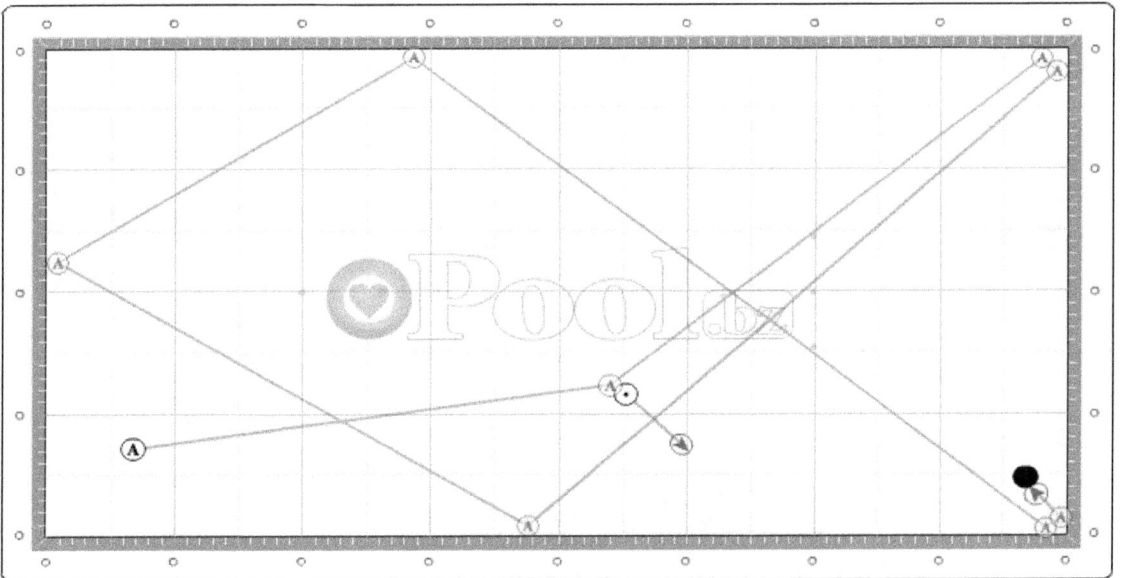

D:4b – Installer

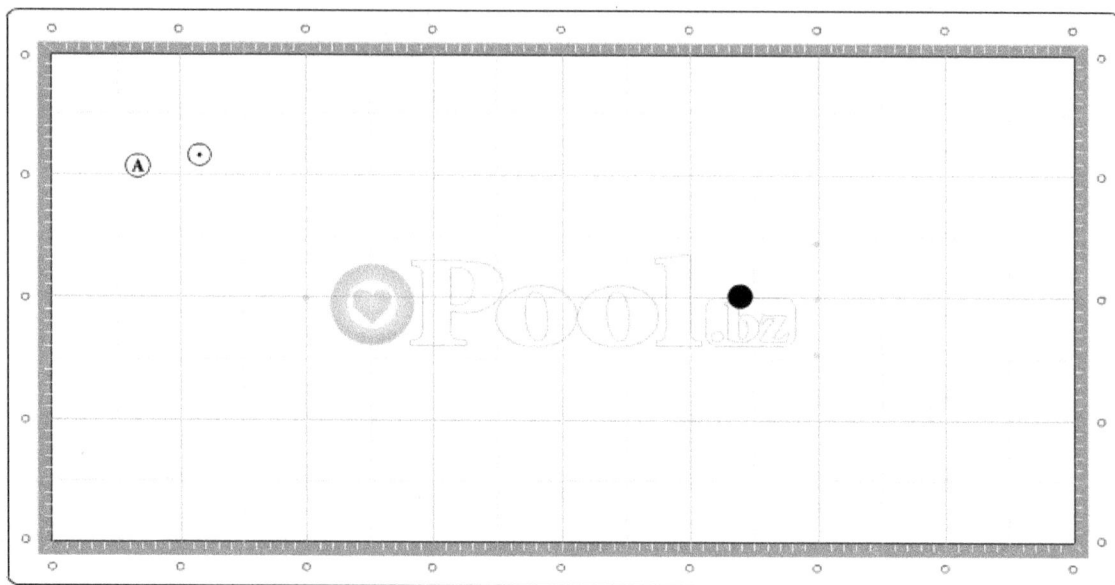

Notes et idées:

Modèle de balle

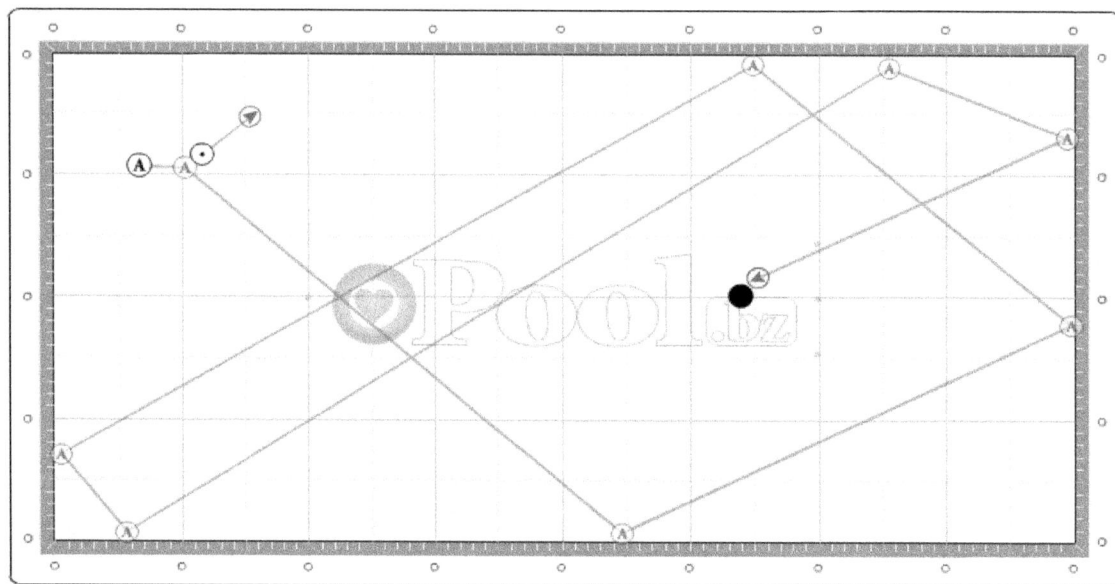

D:4c – Installer

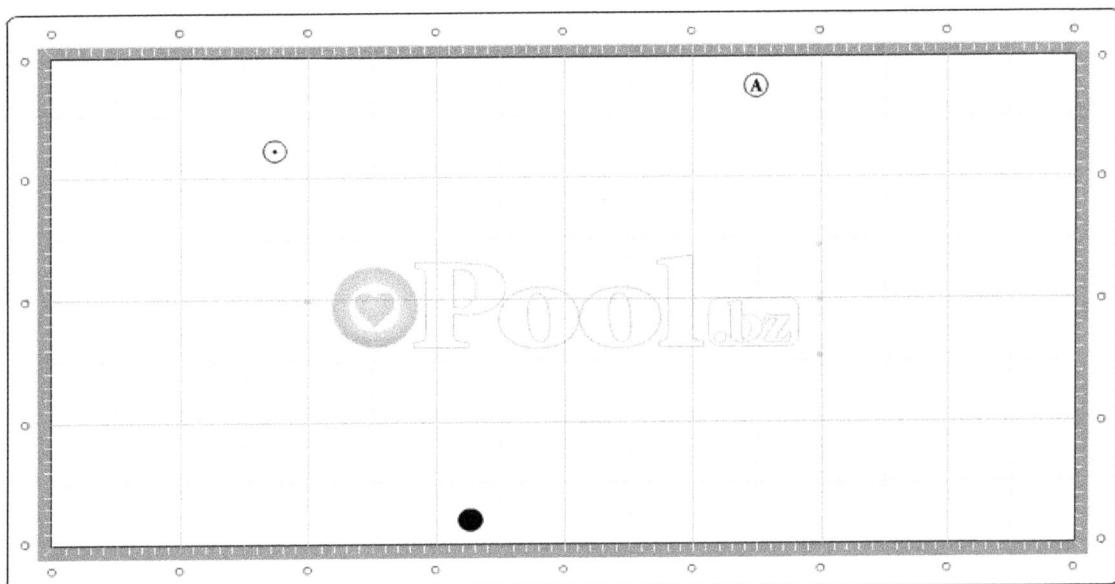

Notes et idées:

Modèle de balle

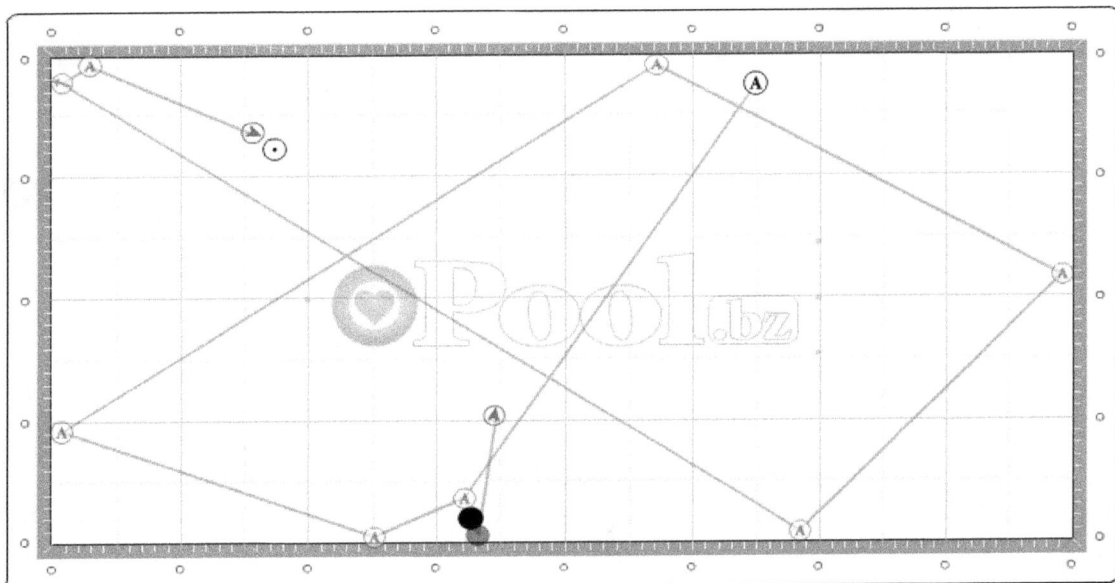

D:4d – Installer

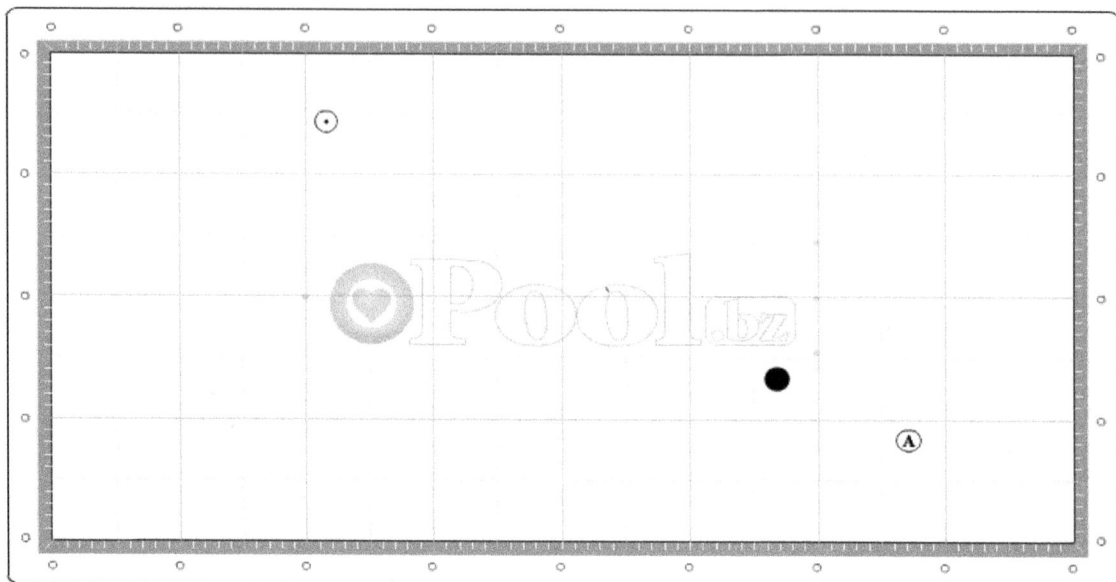

Notes et idées:

Modèle de balle

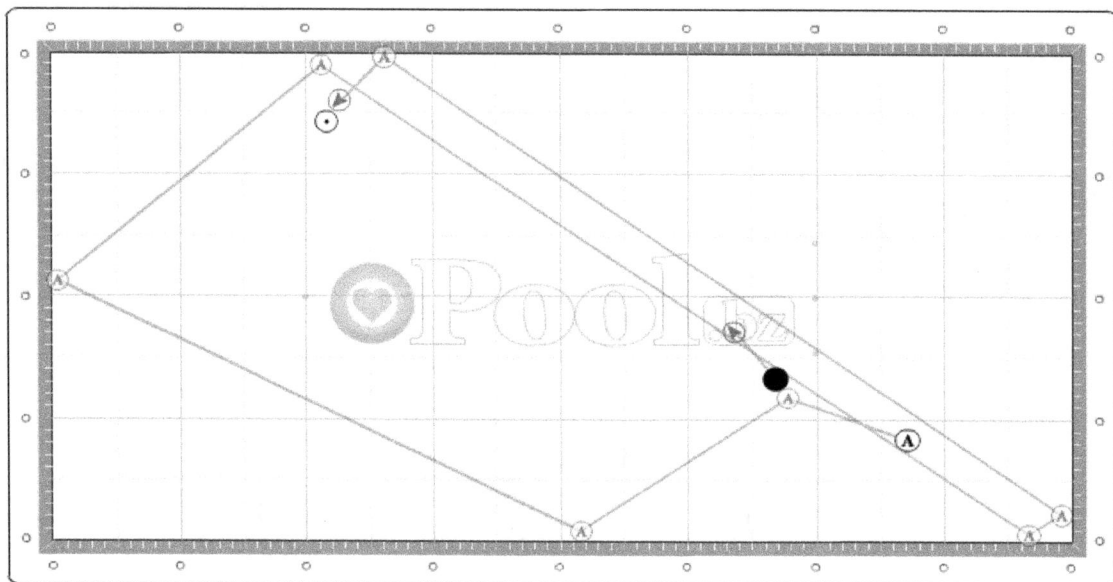

E: Voies parallèles

Le (CB) passe d'un coin à l'autre et revient au premier coin. Le motif (CB) est sur une ligne parallèle au motif entrant.

(A) (CB) (votre balle) - (•) (OB) (balle de l'adversaire) – ⬤ (OB) Balle rouge

E: Groupe 1

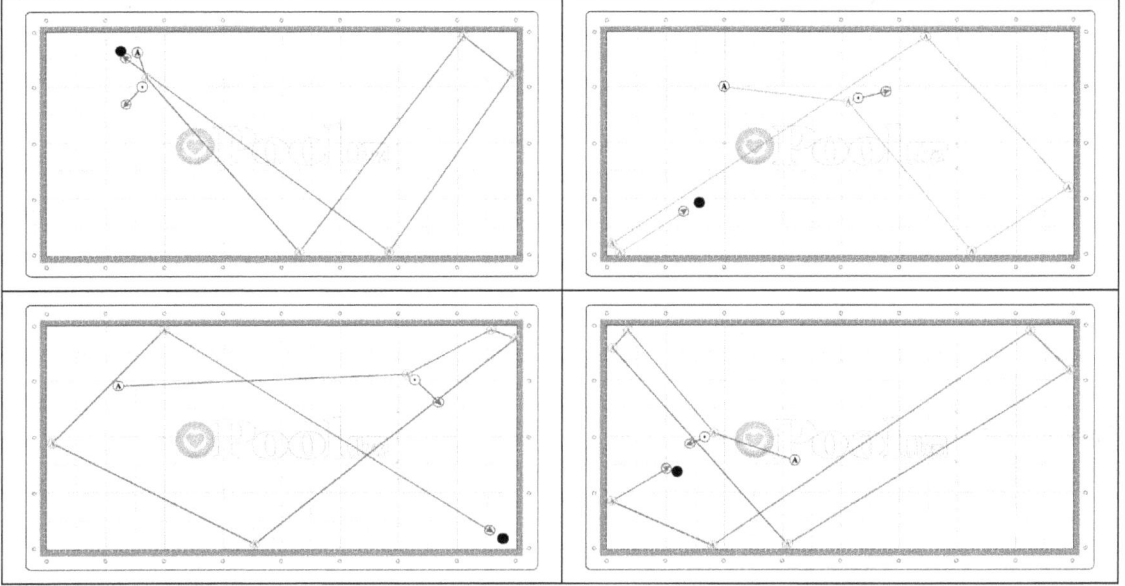

Une analyse:

E:1a. _____

E:1b. _____

E:1c. _____

E:1d. _____

E:1a – Installer

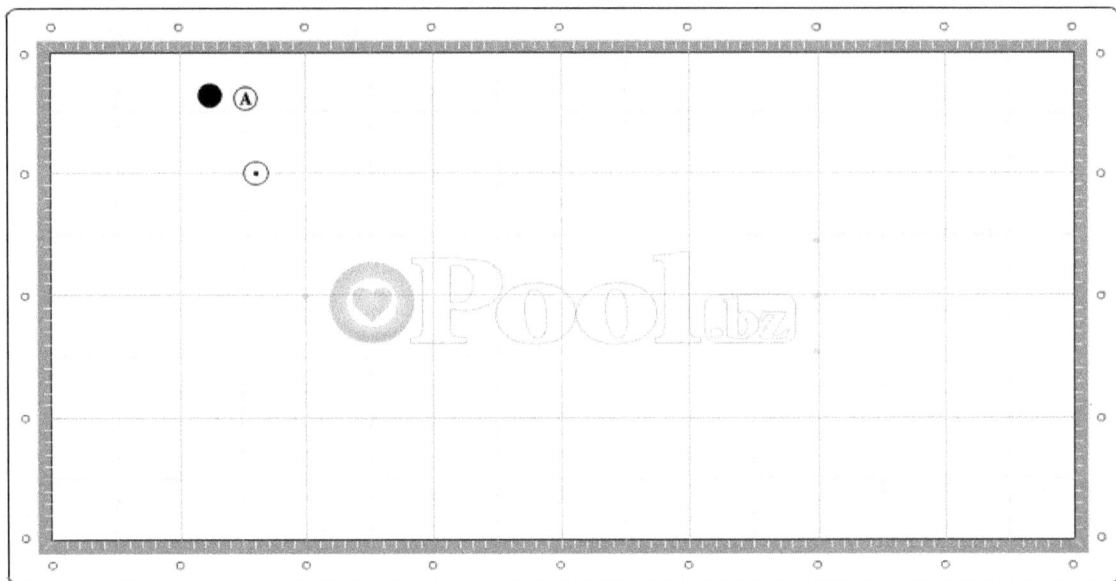

Notes et idées:

Modèle de balle

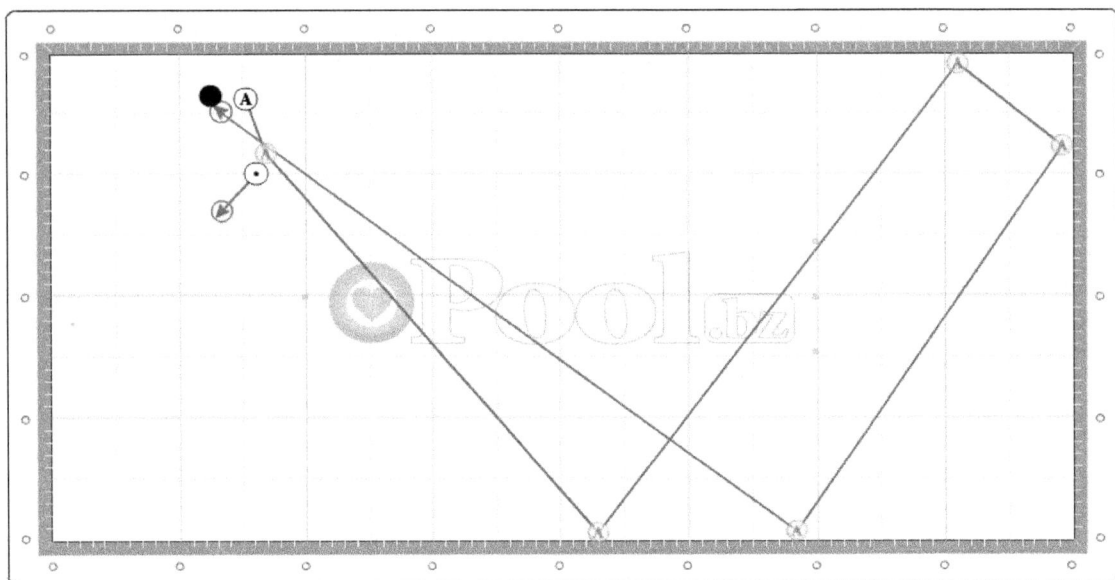

E:1b – Installer

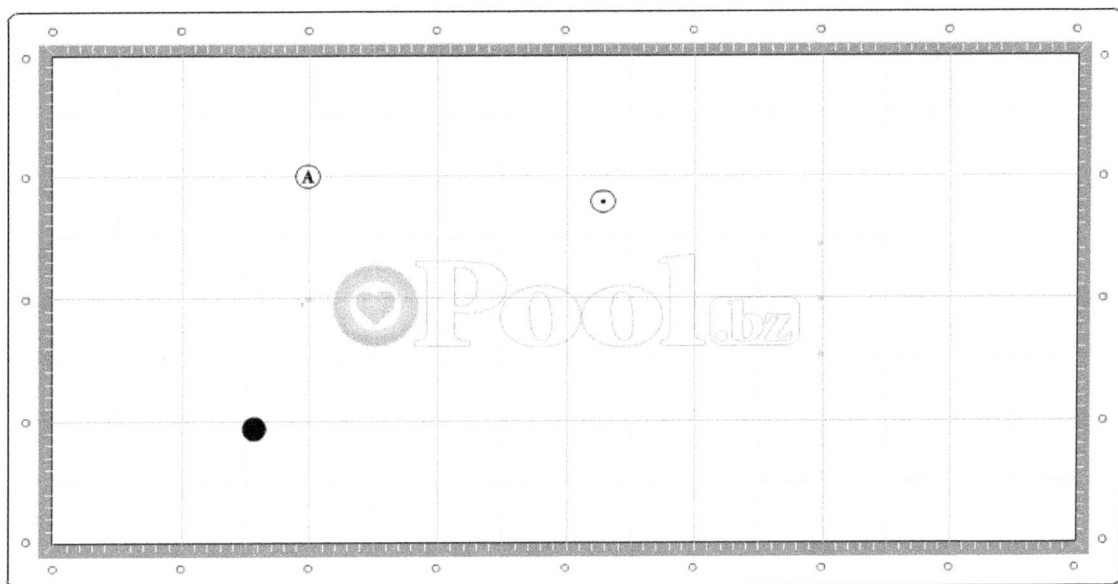

Notes et idées:

Modèle de balle

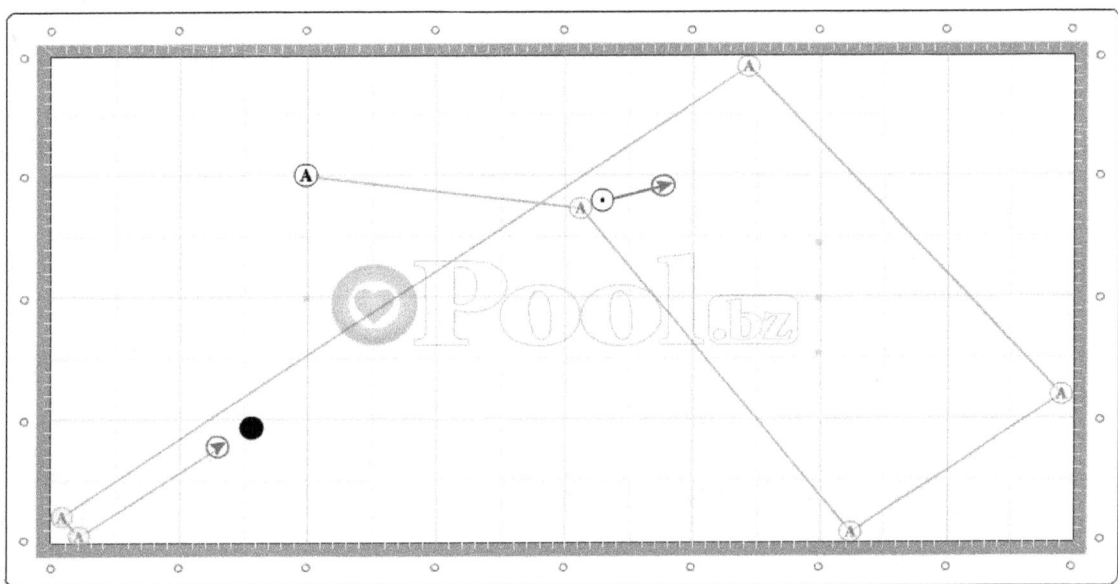

E:1c – Installer

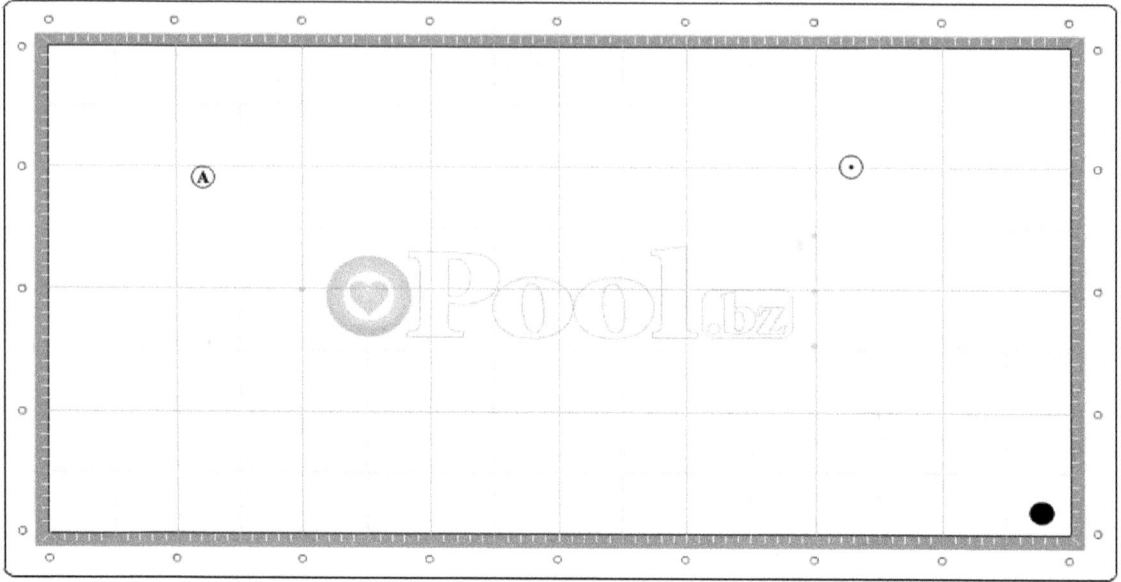

Notes et idées:

Modèle de balle

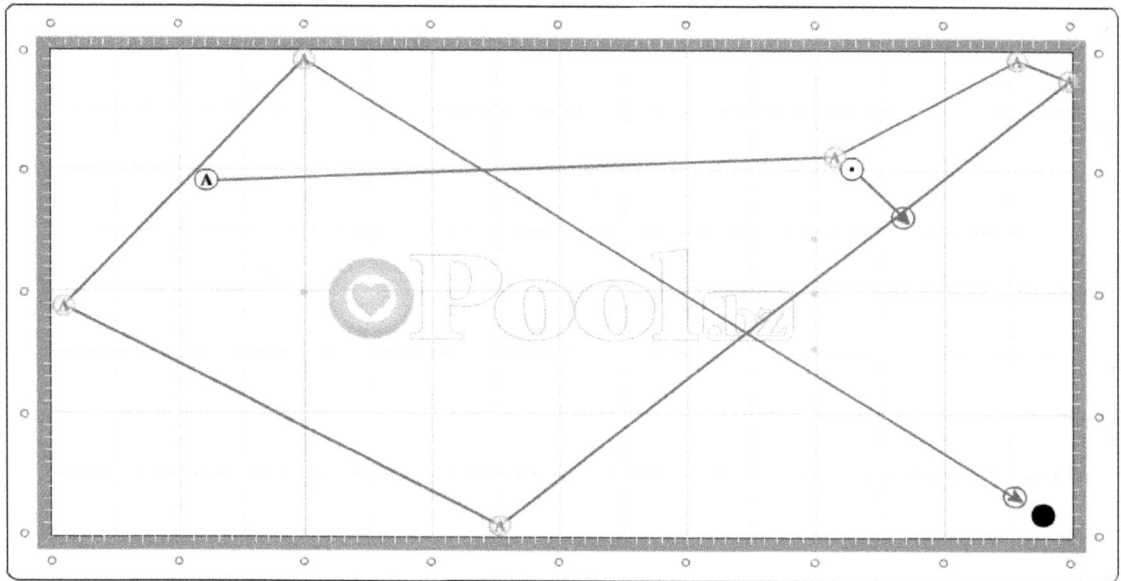

E:1d – Installer

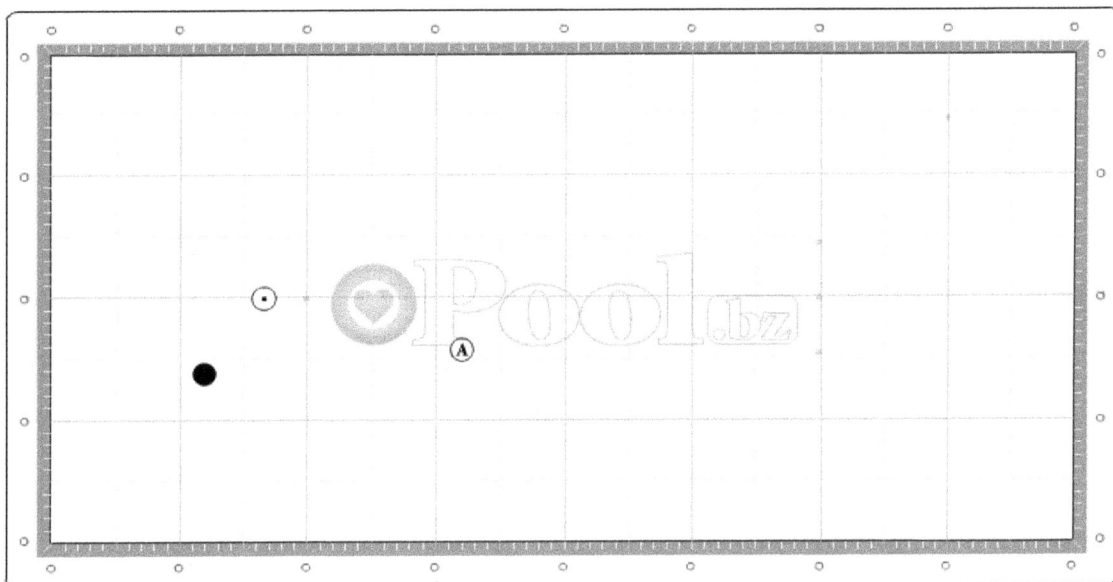

Notes et idées:

Modèle de balle

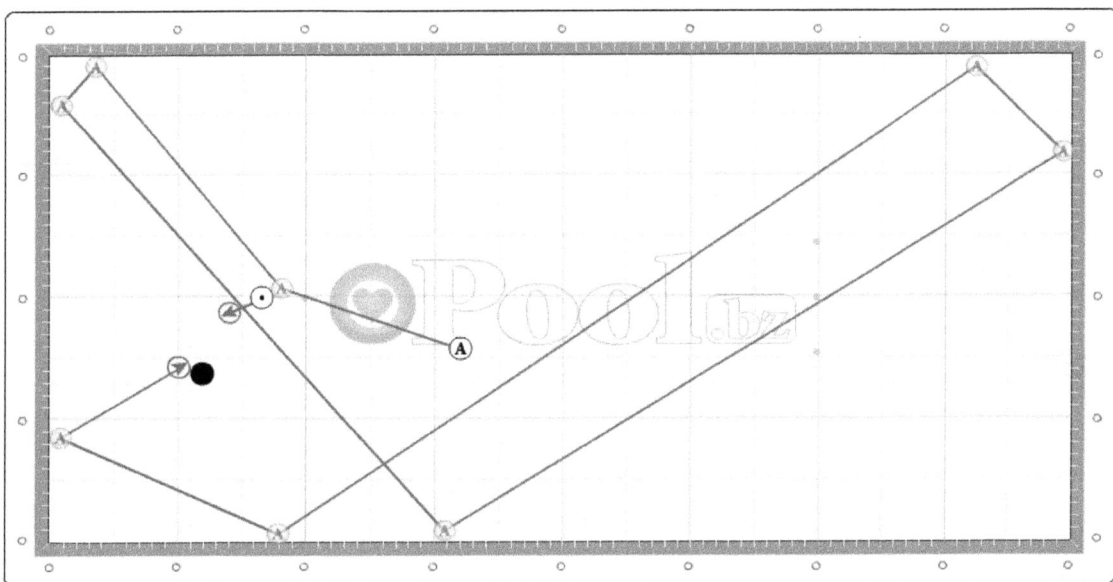

E: Groupe 2

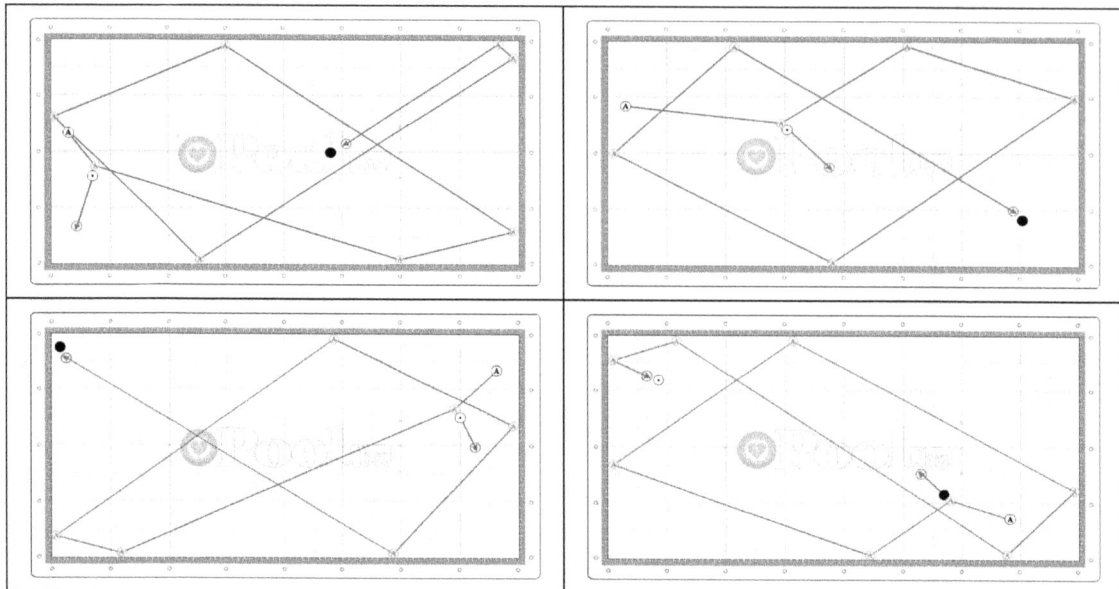

Une analyse:

E:2a. _____

E:2b. _____

E:2c. _____

E:2d. _____

E:2a – Installer

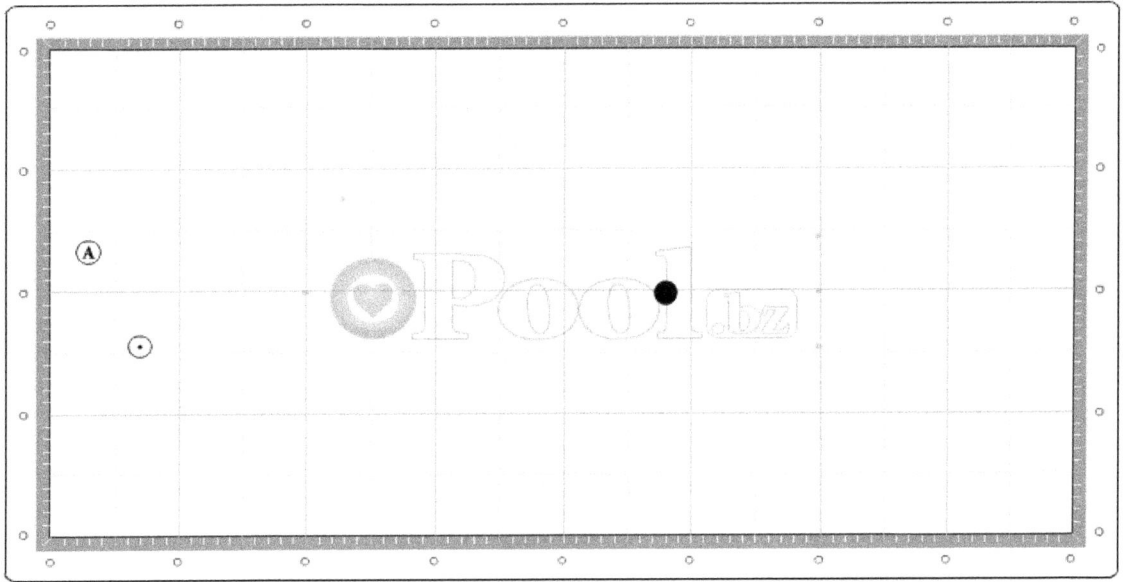

Notes et idées:

Modèle de balle

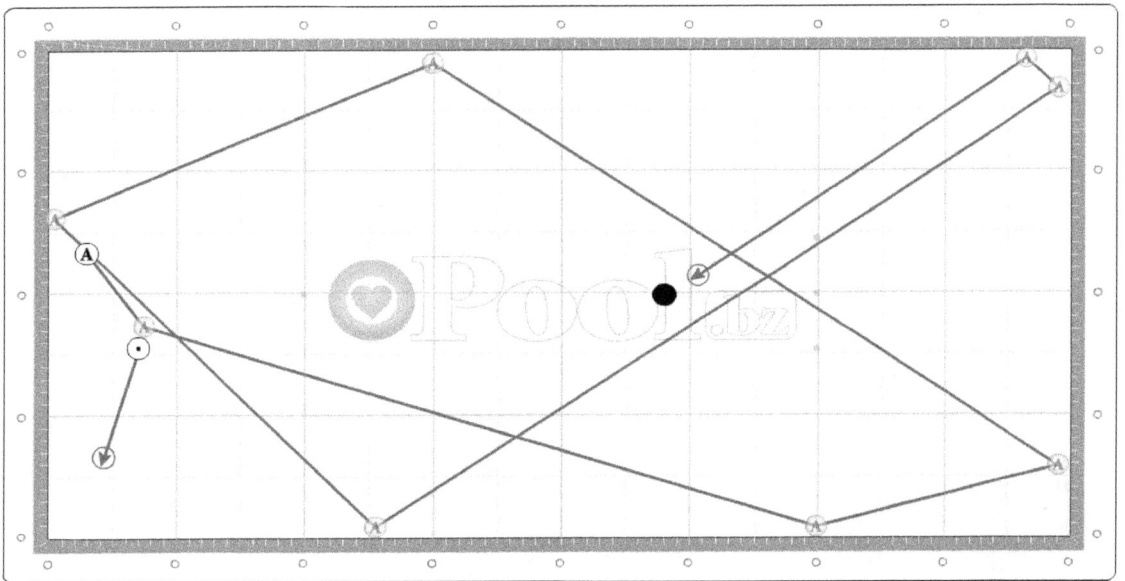

E:2b – Installer

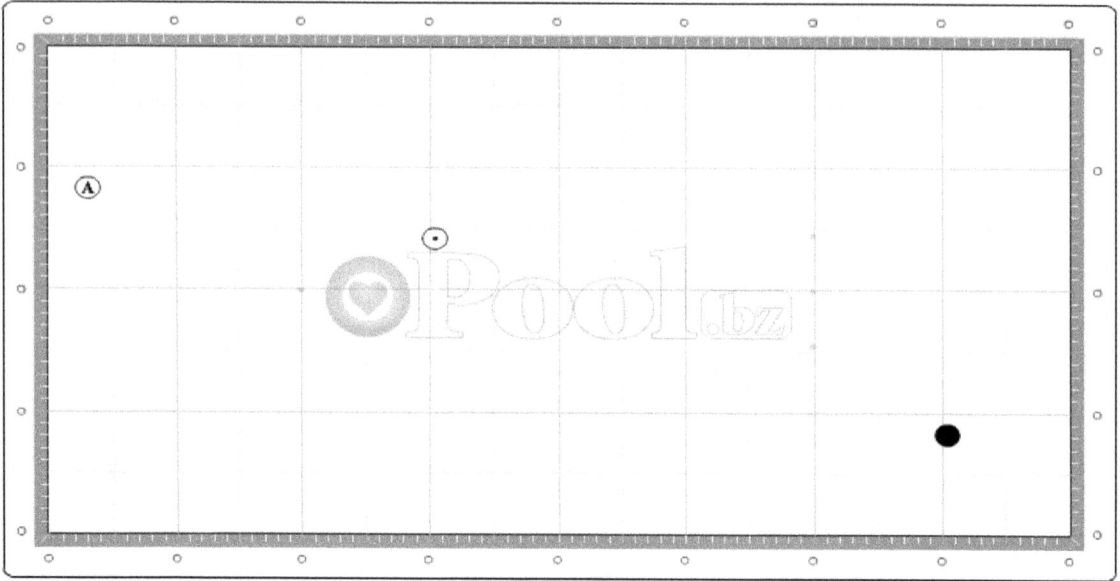

Notes et idées:

Modèle de balle

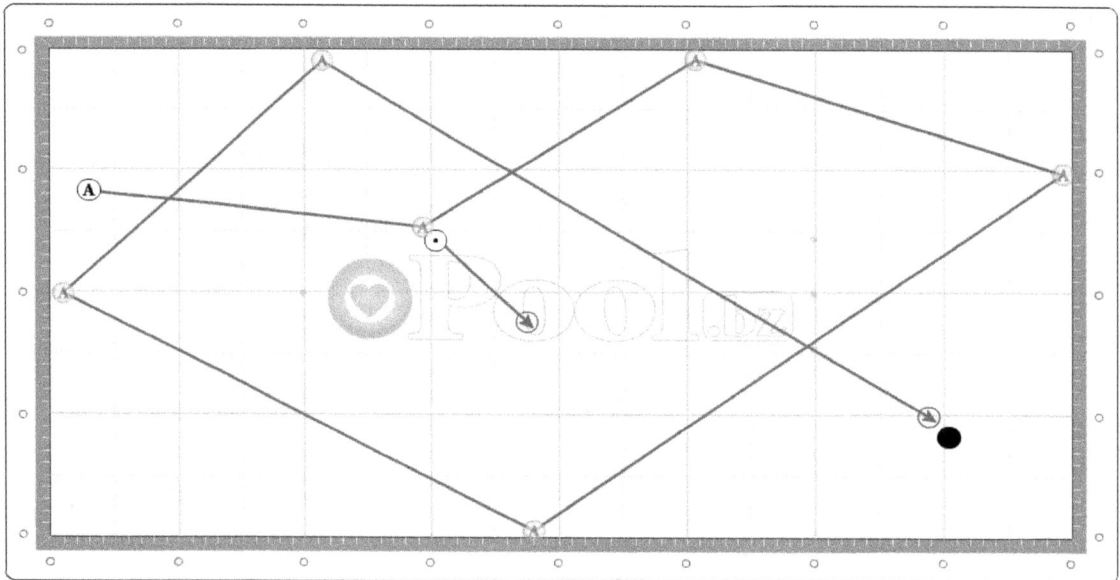

E:2c – Installer

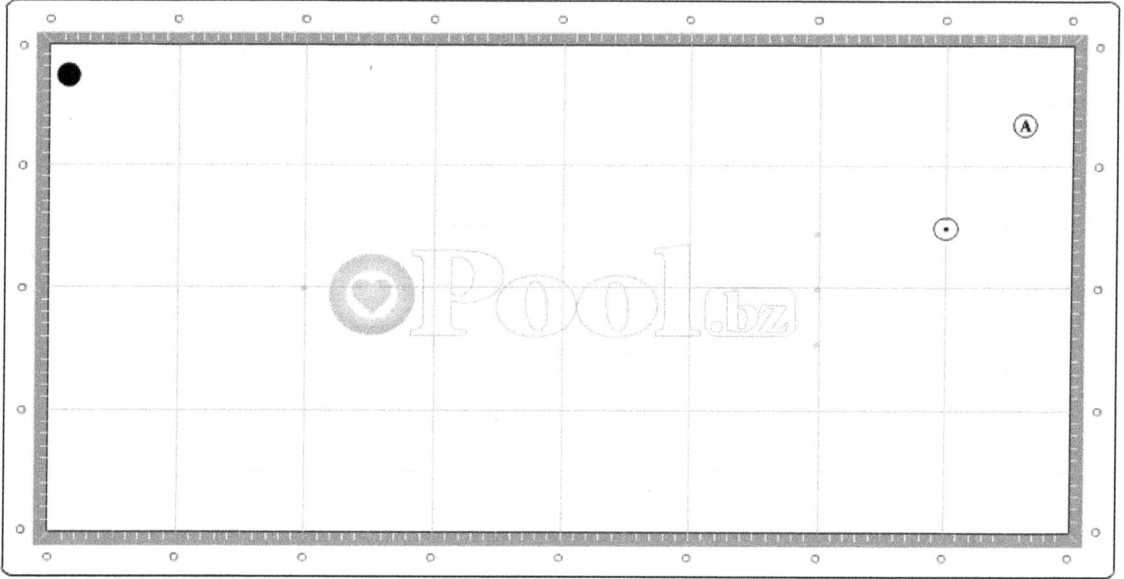

Notes et idées:

Modèle de balle

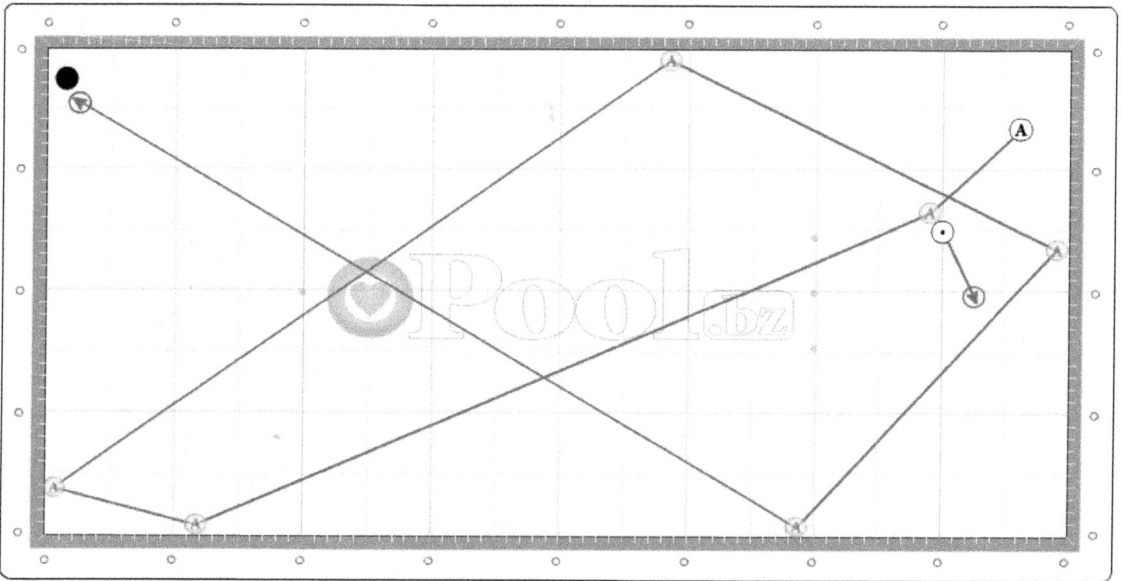

E:2d – Installer

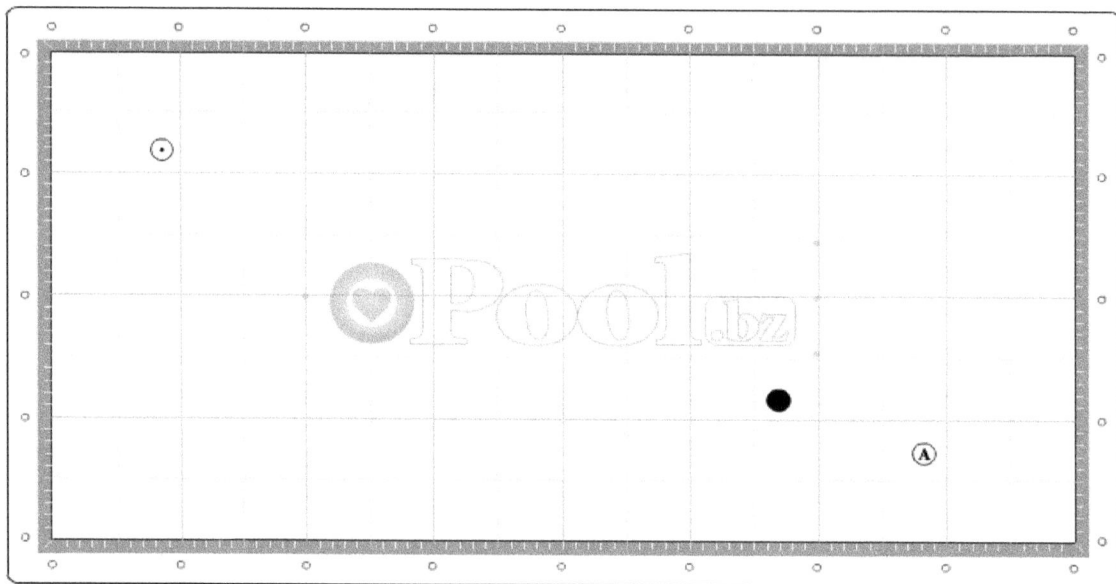

Notes et idées:

Modèle de balle

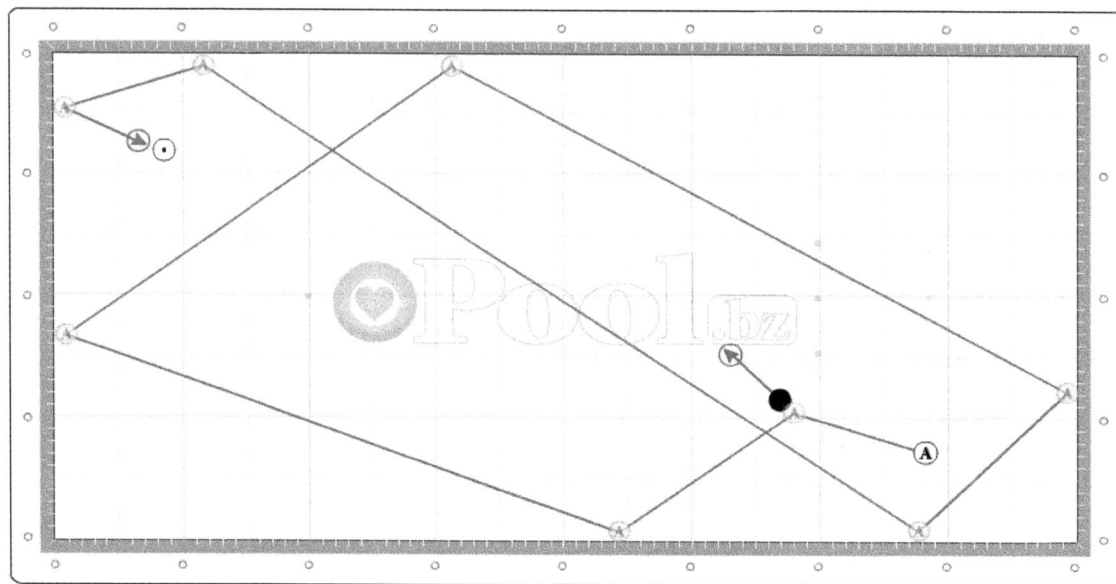

F: Voies amusantes

Ces situations nécessitent beaucoup d'imagination. Les modèles sont des solutions intéressantes pour des configurations inhabituelles.

(A) (CB) (votre balle) - ⊙ (OB) (balle de l'adversaire) – ⬤ (OB) Balle rouge

F: Groupe 1

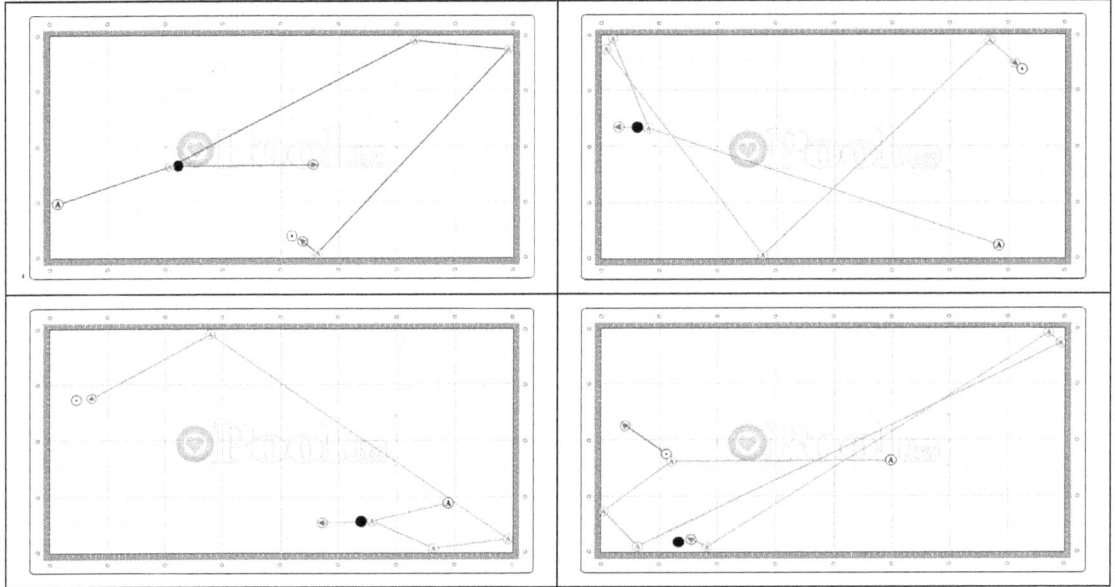

Une analyse:

F:1a. _____

F:1b. _____

F:1c. _____

F:1d. _____

F:1a – Installer

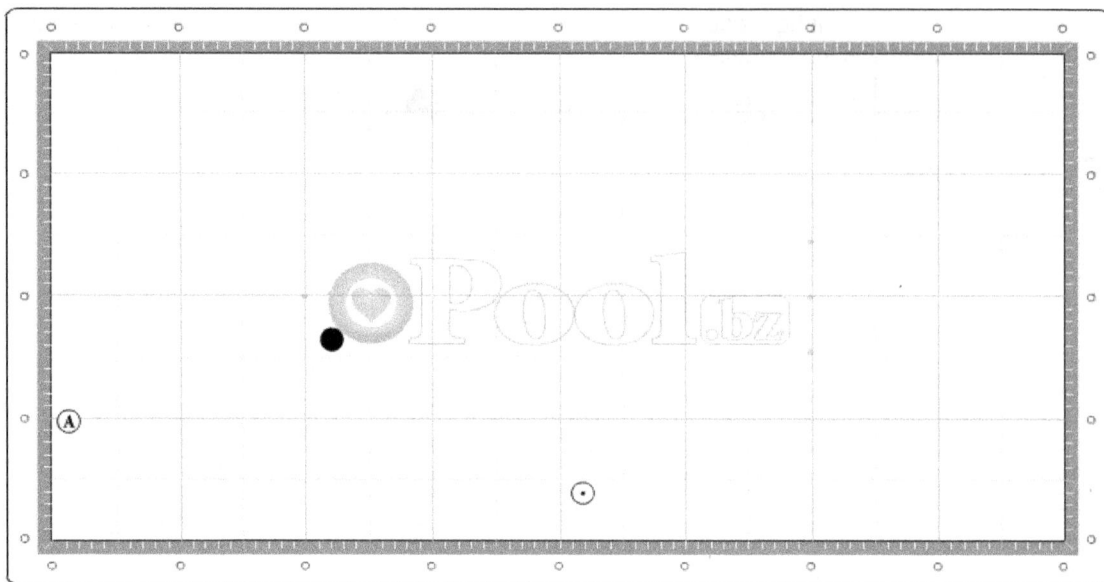

Notes et idées:

Modèle de balle

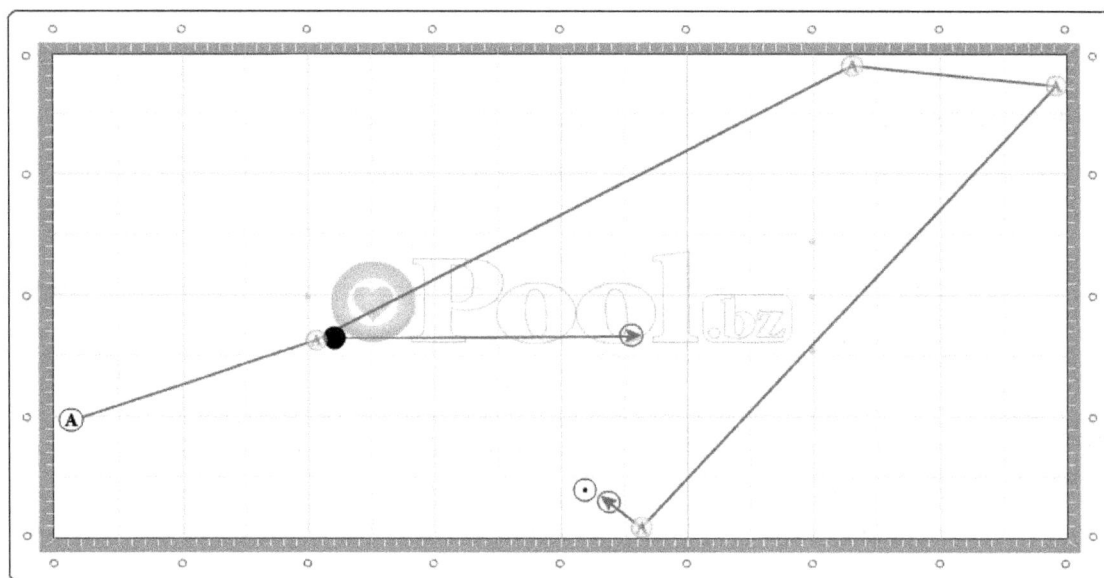

F:1b – Installer

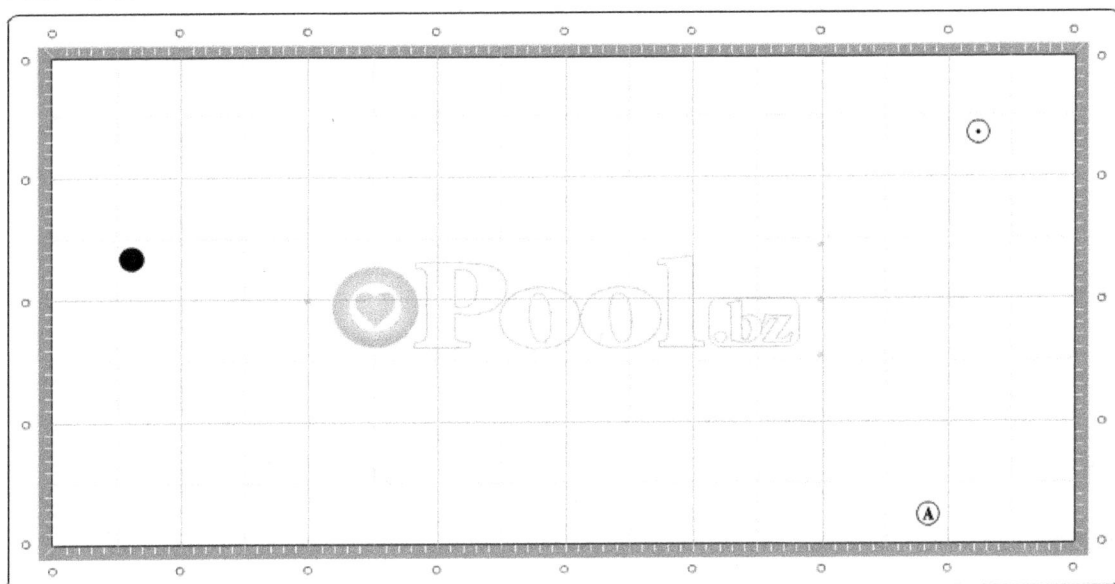

Notes et idées:

Modèle de balle

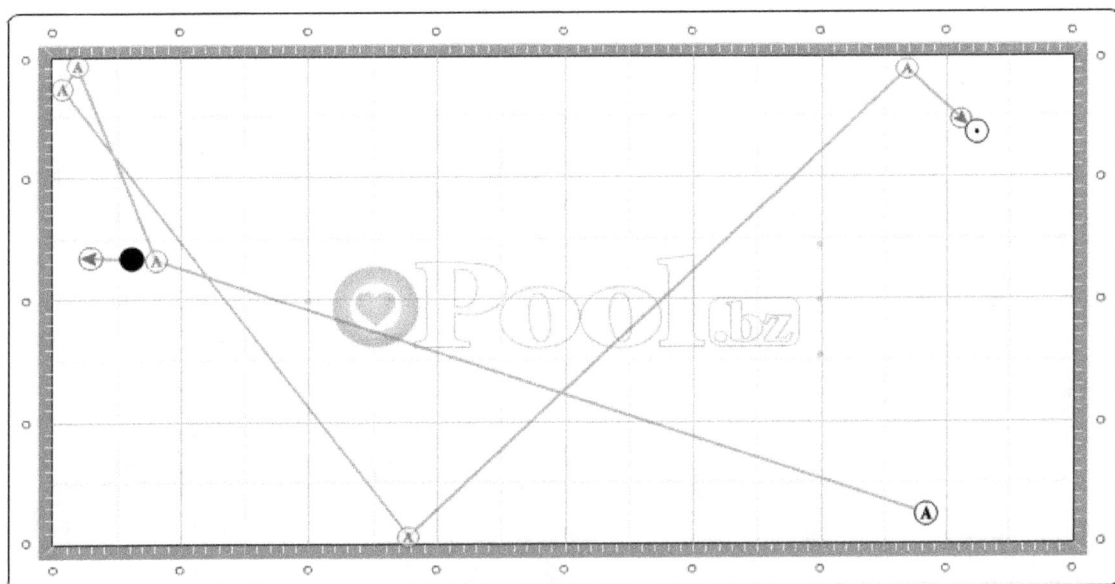

F:1c – Installer

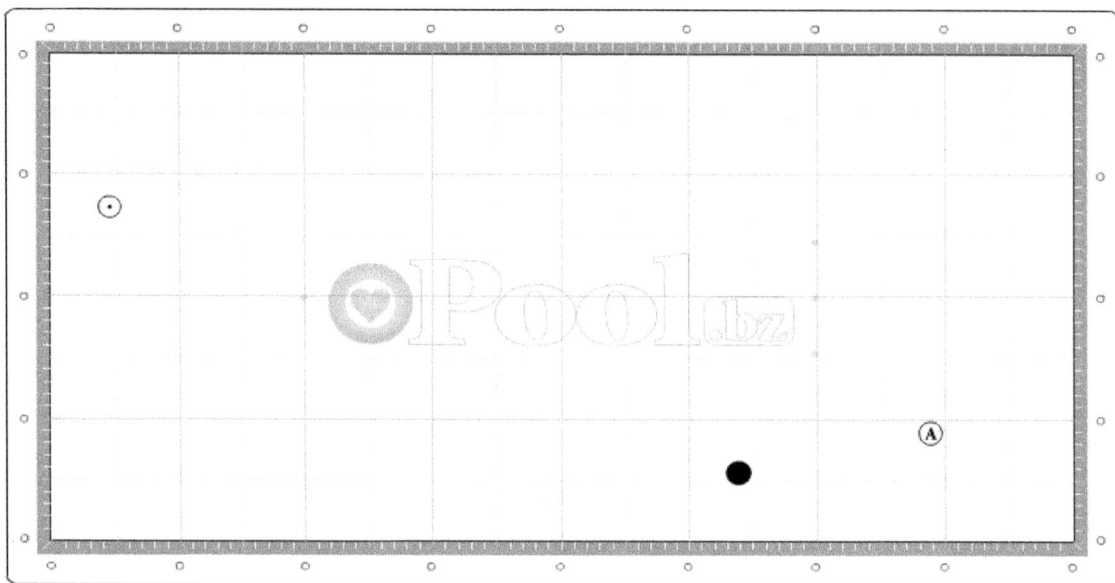

Notes et idées:

Modèle de balle

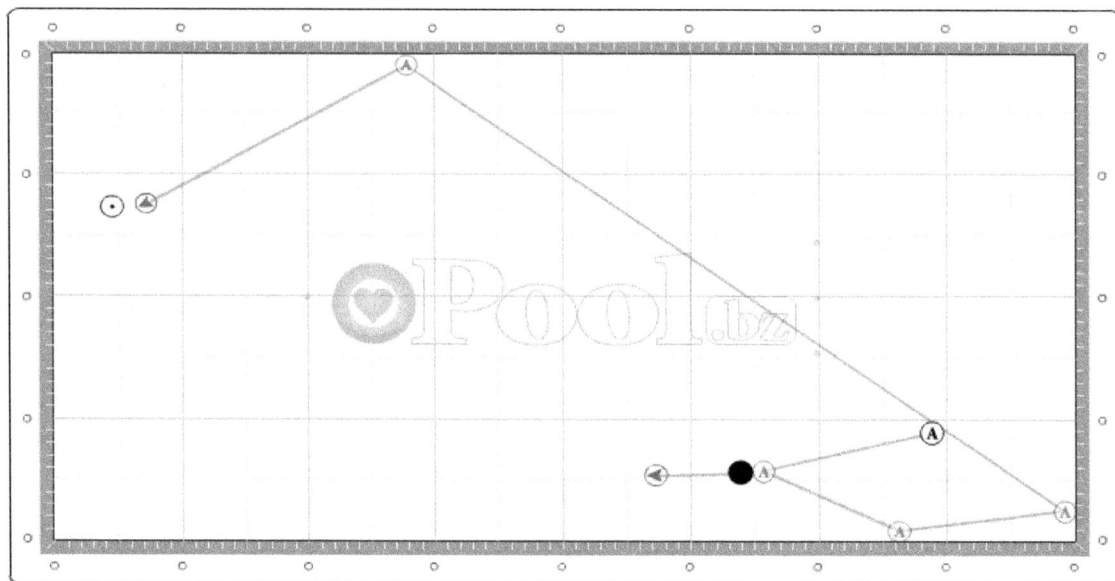

F:1d – Installer

Notes et idées:

Modèle de balle

F: Groupe 2

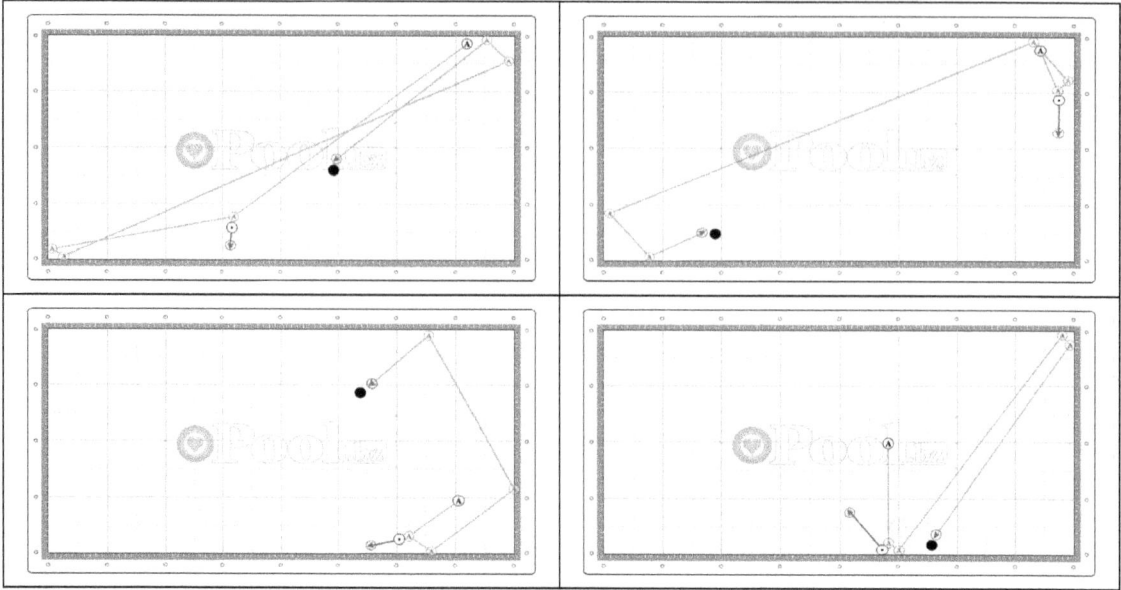

Une analyse:

F:2a. _____

F:2b. _____

F:2c. _____

F:2d. _____

F:2a – Installer

Notes et idées:

Modèle de balle

F:2b – Installer

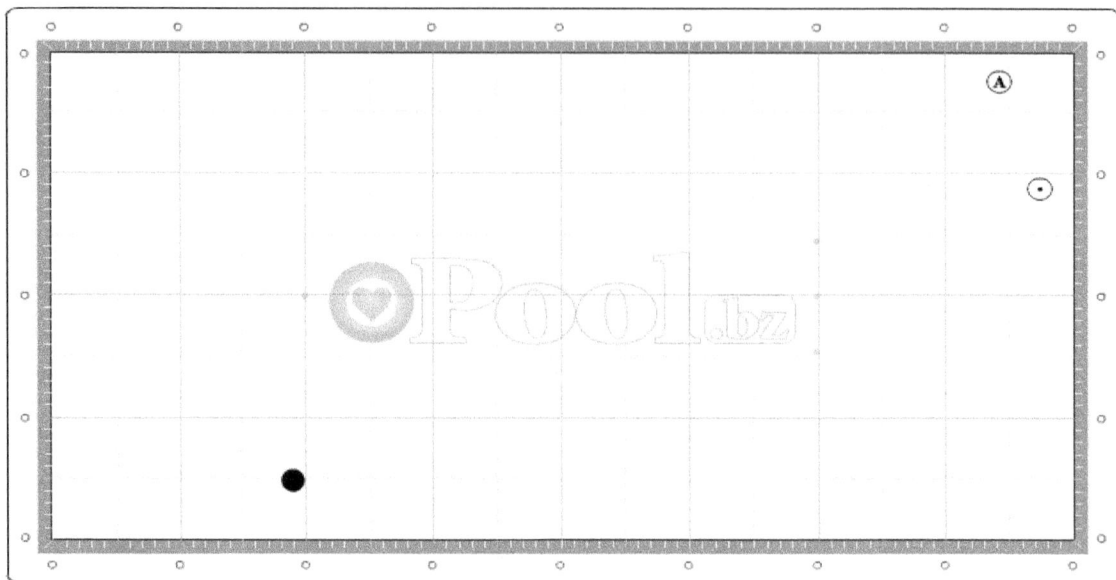

Notes et idées:

Modèle de balle

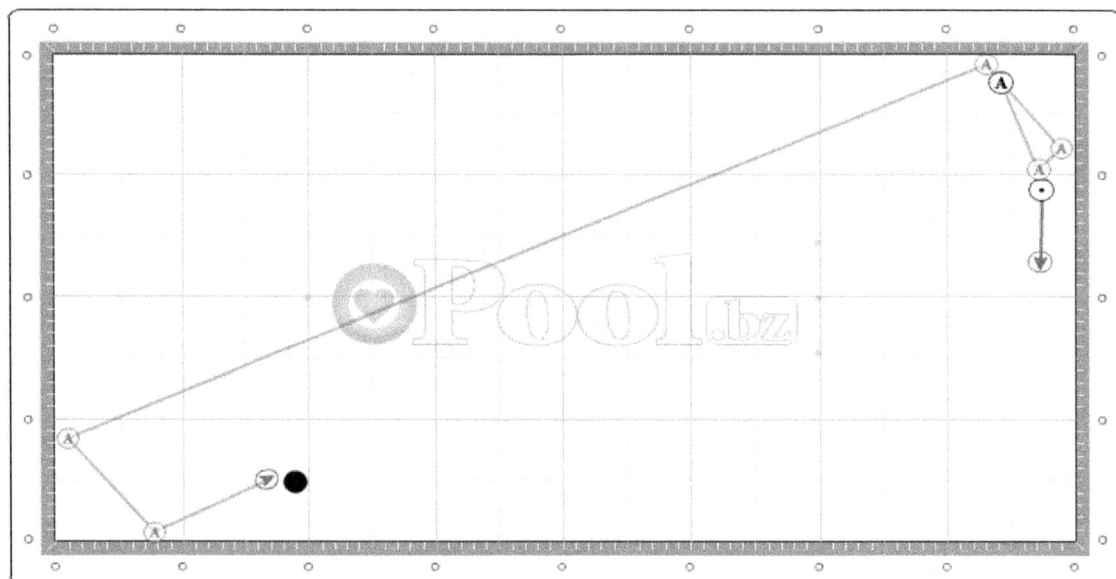

F:2c – Installer

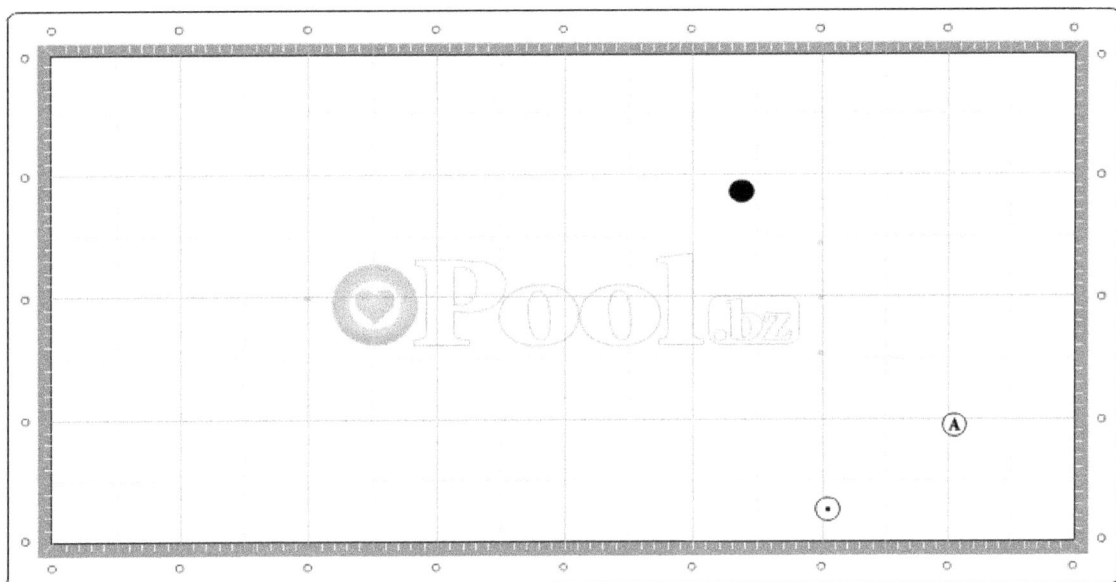

Notes et idées:

Modèle de balle

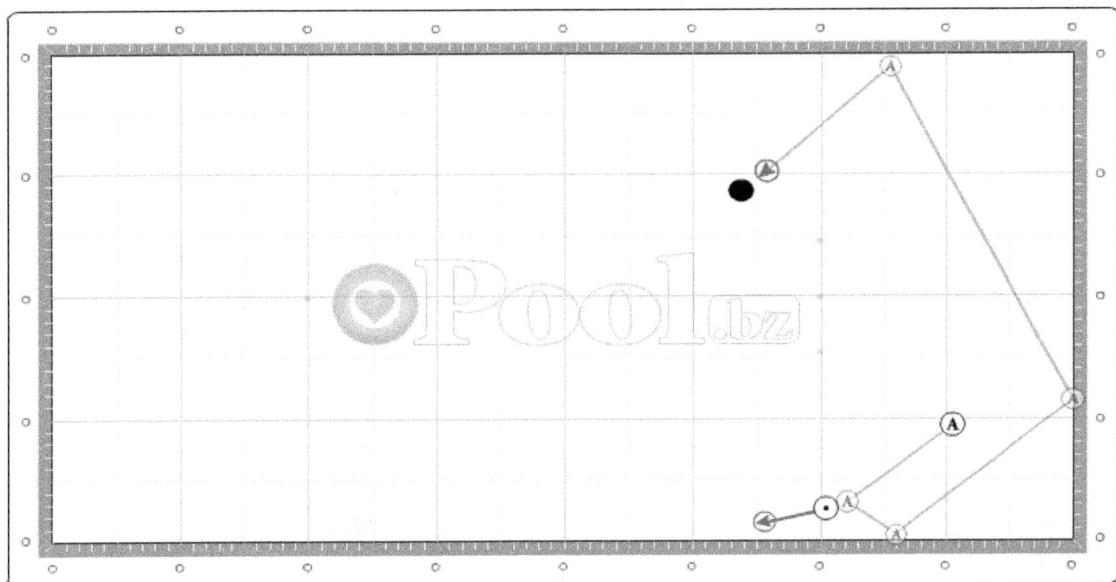

F:2d – Installer

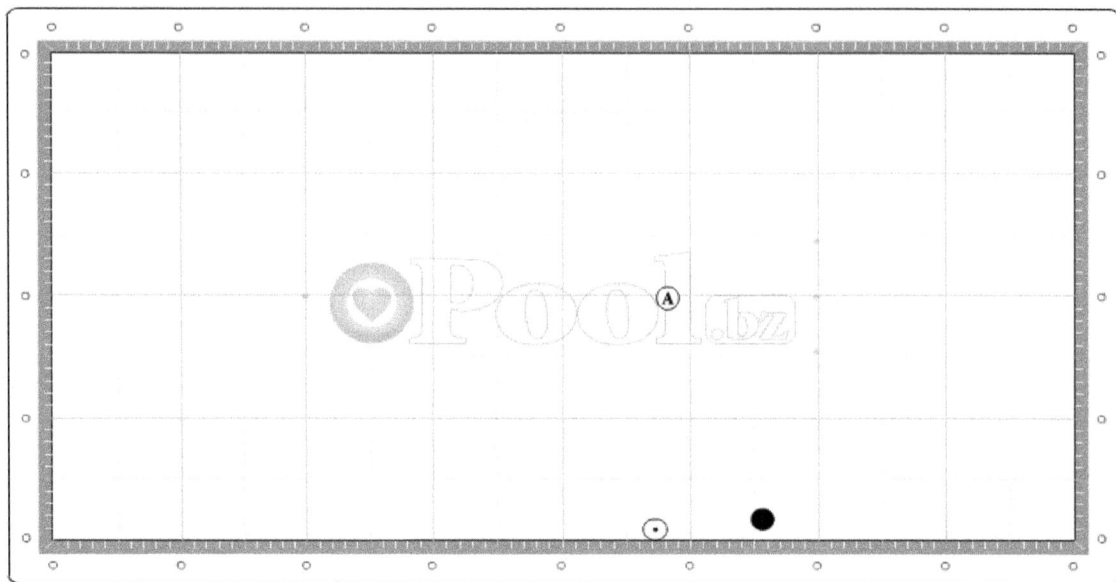

Notes et idées:

Modèle de balle

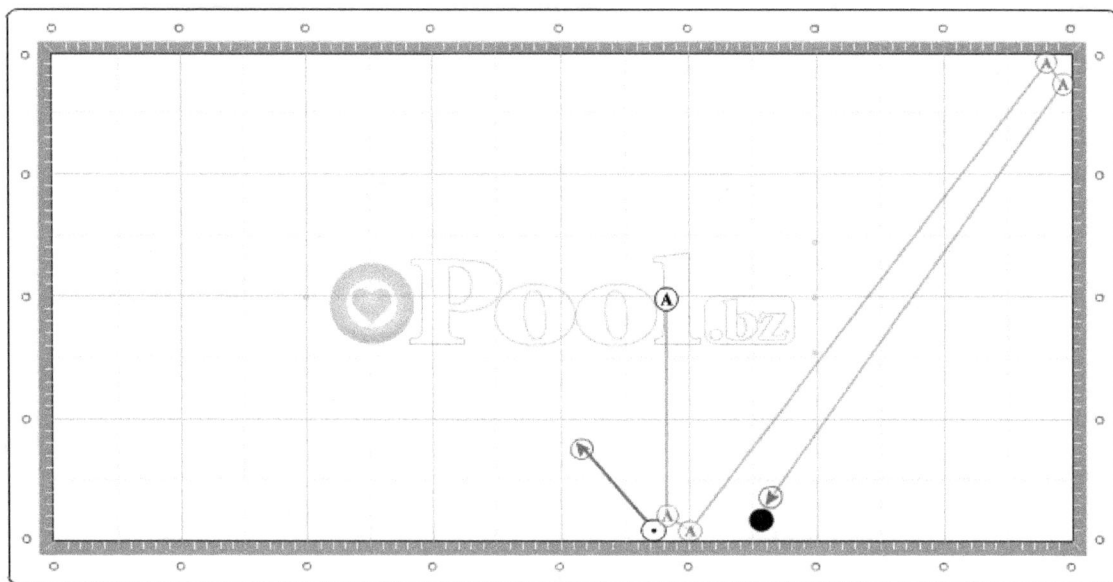